SUPER SQUALI

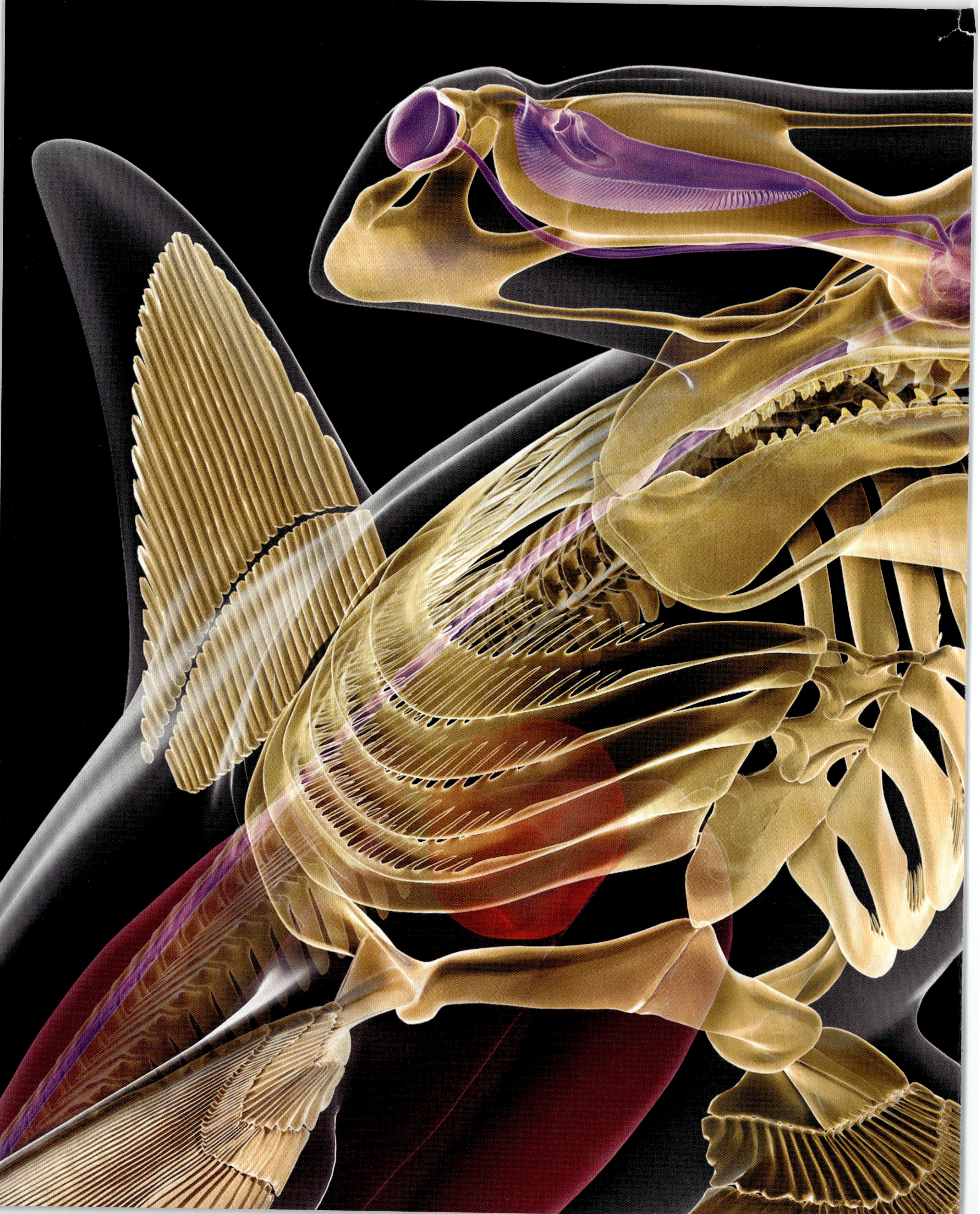

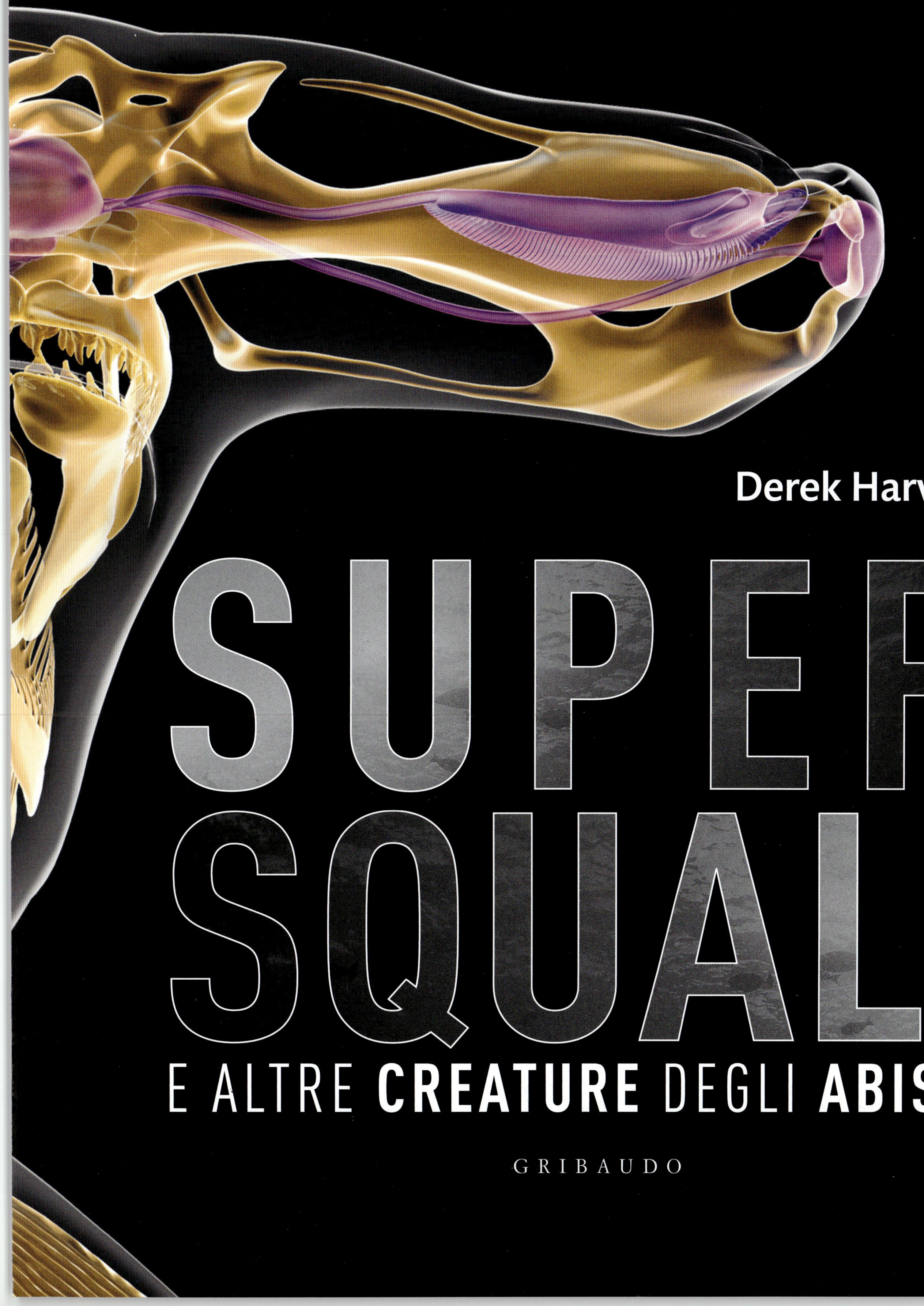

Derek Harvey

SUPER SQUALI

E ALTRE **CREATURE** DEGLI **ABISSI**

GRIBAUDO

SOMMARIO

DK Penguin Random House

DK LONDON

Senior Art Editor Anna Hall
Senior Editors Janet Mohun, Wendy Horobin
Project Art Editor Duncan Turner
Editor Kaiya Shang
Creative Technical Support Tom Morse
Editorial Consultant Kim Dennis-Bryan

Senior Producer Mary Slater
Art Director Philip Ormerod
Managing Art Editors Michelle Baxter, Michael Duffy
Publishing Director Jonathan Metcalf

DK INDIA

Project Art Editors Isha Nagar, Vaibhav Rastogi
DTP Designers Dheeraj Singh, Syed MD Farhan
Designers Ranjita Bhattacharji, Divya PR, r
Project Editor Bharti Bedi
Managing Art Editor Govind Mittal
Production Manager Pankaj Sharma

ILLUSTRATORS

Medi-Mation Medical & Scientific Visualization

Creative Director Rajeev Doshi
Senior 3D Artist Arran Lewis

CONSULTANTS

scubazoo

Vivere nel mare è molto difficile e gli animali marini devono trovare il modo migliore per sopravvivere. Il krill e le sardine si salvano perché sono numerosi. Esistono poi strategie estreme: i pesci pappagallo, per esempio, si coprono di mucillagine e i cetrioli di mare spruzzano le loro interiora sugli aggressori.

Alcune creature marine hanno risorse segrete. Gli squali martello e gli squali sega percepiscono segnali elettrici, mentre il gambero mantide riesce a individuare la luce che altri animali non vedono. Gli squali toro si alleano con altri pesci, gli squali manzo arrivano di soppiatto alle spalle delle vittime mentre le torpedini tengono pronte le loro sgradevoli scosse.

Gli abissi marini sono l'unico posto della Terra ancora in gran parte inesplorato. Viaggiate in sommergibile, dalle acque calde e poco profonde della barriera corallina al fondo oceanico freddo e buio, per scoprire cosa si nasconde sotto le onde.

Prima pubblicazione in Gran Bretagna
2015 by Dorling Kindersley Limited
80 Strand, London WC2R 0RL

Supersquali

Titolo originale
SuperShark
Traduzione: Anna Fontebuoni

PER L'EDIZIONE ITALIANA

in collaborazione con

Gribaudo - IF - Idee editoriali Feltrinelli Srl
Socio Unico Giangiacomo Feltrinelli Editore Srl
via Andegari, 6 - 20121 Milano
www.gribaudo.it
info@gribaudo.it

Prima edizione 2018 [3(D)]
Seconda edizione 2018 [9(F)]
Terza edizione 2019 [5(D)]
978-88-580-2128-6

Stampato in Cina

UN MONDO DI IDEE
www.dk.com

MARI BRULICANTI DI VITA

I mari della terra, dalle pozze di scogliera alle acque aperte agli abissi sottostanti contengono una sorprendente varietà di vite e ambienti. Alcuni animali stanno così vicini alla terraferma da essere condizionati dalle maree. Altri trascorrono la vita in acque di media profondità o sul fondale.

BARRIERE CORALLINE

Le barriere coralline si formano lungo litorali bassi, dove il sole e il calore tropicale forniscono le condizioni giuste per la vita e la crescita di migliaia di tipi di animali marini, fra cui gli squali.

MARE APERTO

Le grandi distese di mare aperto ospitano enormi quantità di plancton, piccoli animali che vivono in superficie. Sono alla base della catena alimentare, al cui apice si trovano animali più grossi, come giganteschi pesci luna e squali carnivori.

MARI POLARI

I mari attorno ai poli sono così freddi che spesso gelano in inverno. Sotto i ghiacci l'oceano è ricco di nutrienti e ossigeno e sostiene la vita di animali, come foche e pinguini, che hanno una tana o si riproducono sulla terraferma. Lo sviluppo dei pesci è lento a causa del freddo e molti sono dotati di sostanze chimiche antigelo.

SULLA BATTIGIA

Gli animali che vivono dove il mare incontra la terra devono affrontare il movimenti delle maree. Alcuni rimangono immobili nella bassa marea e aspettano che l'acqua ritorni, altri si spostano al largo. Le onde che s'infrangono contro gli scogli sono talvolta violente e per non essere spazzati via gli animali come iguane marine e granchi devono sapersi aggrappare o nascondersi in fessure.

Grandi banchi di pesci forniscono il cibo a molti predatori costieri

ACQUE COSTIERE

I nutrienti di acqua profonda salgono in superficie lungo le coste fornendo alimenti vitali per le creature marine. Il cibo è così abbondante che i banchi di pesci vi si riuniscono, richiamando gli squali. Molte persone in tutto il mondo usano questi banchi come fonte alimentare.

ABISSI MARINI

Le parti più profonde dell'oceano sono scure, fredde e sottoposte a grande pressione. Gli animali che ci vivono, come questo polpo abissale, si nutrono di materiale morto proveniente dall'alto o aspettano di aggredire altri animali con il favore dell'oscurità.

Mondo acquatico

Gli animali che vivono nella zona fra la luminosa superficie e i misteriosi abissi oscuri si sono adattati alle condizioni locali. Ogni livello ha una propria comunità, anche in zone in cui il cibo è scarso.

ANATOMIA INCREDIBILE

Gli animali che vivono nel mare si sono perfettamente adattati al loro mondo di acqua. Pinne, aculei e pungiglioni, denti terribili e una serie completa di faretti sono alcune delle cose necessarie per sopravvivere in mare. Dopo tutto, non si sa mai chi sia in agguato negli abissi.

SACCHEGGIATORE DI PLANCTON

SQUALO ELEFANTE

Per alimentare un animale grande come un peschereccio ci vuole tanto cibo e una bocca enorme. Lo squalo elefante si aggira con la bocca spalancata come fosse un imbuto: quando l'acqua entra nelle branchie le sue setole rastrellano qualsiasi cosa, da gamberetti a uova di pesce. E lui inghiotte tutto.

COLPO D'OCCHIO

- **LUNGHEZZA** Maschi 4-5 m, femmine 8-10 m
- **HABITAT** Acque costiere e mare aperto, specialmente se ricchi di plancton
- **DISTRIBUZIONE** In tutto il mondo, tranne ai tropici
- **DIETA** Plancton, piccoli pesci e uova di pesce

FATTI E CIFRE

Il grande fegato oleoso dello squalo elefante gli permette di galleggiare bene, stare vicino alla superficie dell'acqua e percorrere lunghe distanze con il minimo sforzo.

BOCCA ENORME
Questo squalo si scalda vicino alla superficie illuminata dal sole, dove l'acqua è ricca di nutrienti. A differenza di altri animali che si nutrono di plancton, non riesce a inghiottire l'acqua ma la fa fluire in bocca nuotando.

> "La bocca aperta è così **grande** che ci può **stare in piedi** un bambino."

SGUARDO OBLIQUO
Uno degli indizi che una passera di mare sia distesa sul lato destro del corpo è l'insolita posizione della bocca, stranamente fuori centro. Il lato sinistro del corpo ha lo stesso colore del fondo marino.

OCCHI SFUGGENTI

PASSERA DI MARE

Il processo per trasformarsi in un pesce piatto come la passera è lungo. Quando è piccola non è diversa da altri e nuota in mare aperto con gli occhi ai lati del corpo. Man mano che diventa adulta, però, un occhio si sposta sopra e va a raggiungere quello del lato opposto: ha entrambi gli occhi sul lato sinistro. Si distende poi sul fondo sul lato destro ormai privo di occhi e passa il resto della vita guardando in alto.

COLPO D'OCCHIO

- **LUNGHEZZA** 6-90 cm
- **HABITAT** Acque marine costiere, sul fondo del mare; gli adulti migrano in mare aperto per deporre le uova
- **DISTRIBUZIONE** Mari di tutto il mondo
- **DIETA** Invertebrati e pesci di fondale

FATTI E CIFRE

TEMPO DI TRASFORMAZIONE

PROFONDITÀ

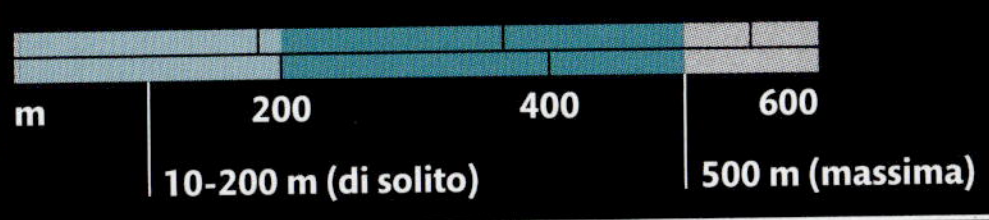

Alcuni tipi di passere adulte vivono in acque più profonde di altre. Tutte amano i fondali sabbiosi o melmosi e spesso si nascondono lì per proteggersi.

MASCELLE A SCATTO

MURENA GIGANTE

La murena aspetta pazientemente nel buio della tana il passaggio di un pesce. Poi colpisce in un baleno, ma in modo diverso da qualsiasi altro animale della barriera corallina. Prima afferra la preda con la bocca dotata di denti appuntiti e poi, con il secondo paio di mascelle che ha nel fondo della gola, agguanta il pesce e lo trascina nel tubo digerente.

COLPO D'OCCHIO

- **LUNGHEZZA** Fino a 3 m
- **HABITAT** Barriere coralline tropicali, soprattutto vicino a strapiombi
- **DISTRIBUZIONE** Mar Rosso, Africa orientale, Asia sudorientale, Australasia e Oceano Pacifico occidentale
- **DIETA** Specialmente pesci, a volte gamberi e granchi

Doppia imboscata

Le murene non riescono a inseguire la preda, quindi si affidano al loro doppio paio di mascelle a scatto per non far fuggire il pesce che si dibatte in bocca.

FATTI E CIFRE

13 ANNI
DURATA DELLA VITA

La murena non è un nuotatore veloce e compensa questo difetto con il morso di un doppio paio di mascelle che agiscono in pochi secondi.

TEMPO PER INGHIOTTIRE LA PREDA

0,3 sec (mascelle anteriori)
1,25 sec (la preda entra nel tubo digerente)
0,75 sec (mascelle faringee)
sec 0,5 1 1,5

PESO

30 kg (peso massimo)
kg 10 20 30 40

98
NUMERO NORMALE DI DENTI

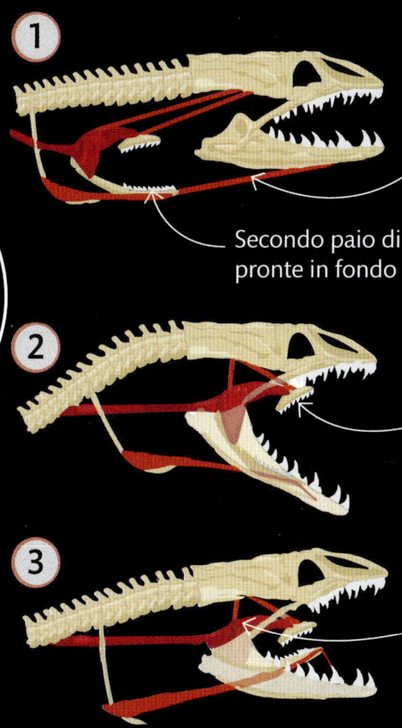

AFFERRATO DALLA GOLA

Molti tipi di pesci aspirano la preda e usano la mascella faringea per triturarla. Le murene, che non sono in grado di succhiare, proiettano in avanti la mascella faringea dotata di denti per afferrare e ingoiare la preda.

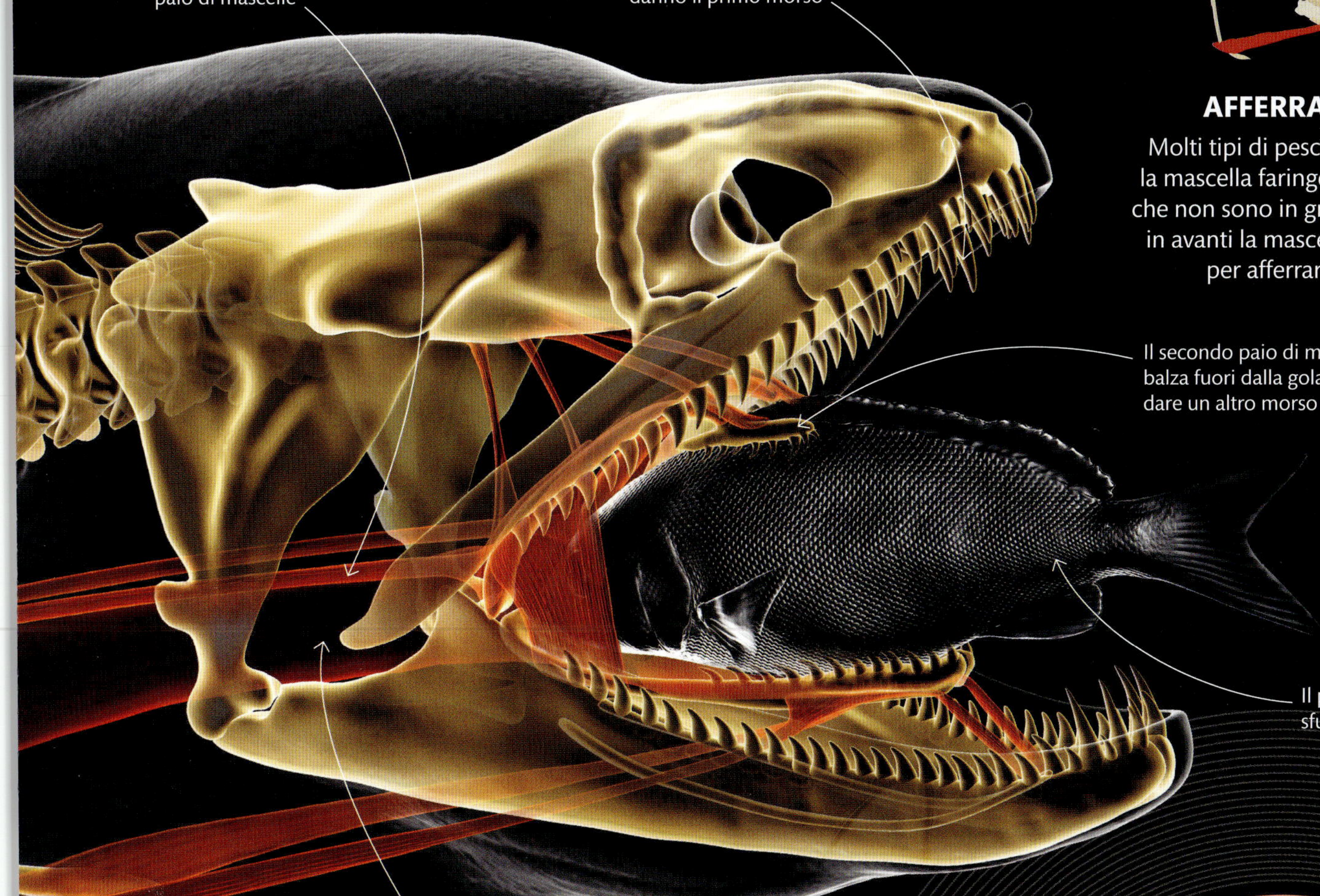

FAVORI RECIPROCI

Le murene cacciano fra gli scogli, ma attorno alla barriera si aggirano anche altri predatori come le cernie. Cooperando fra loro spaventano le prede, che fuggono nel territorio delle altre. Le due specie mangiano così rapidamente che non si contendono mai il cibo.

SCHIACCIAGRANCHI MOBILE

SQUALO CORNUTO DEL PACIFICO

Lo squalo cornuto non sembra un feroce assassino: ha la testa di un toro e il muso di un maiale. I denti sono adatti a triturare, non a sbranare, con mascelle fortissime e perfette per affrontare il duro guscio di granchi e lumache, che sono gli unici animali di cui si nutre. Attenzione però se vi capitasse di pescare questo piccolo e mite squaletto: le 2 spine che ha sul dorso sono velenose!

DENTI TRINCIANTI

La bocca presenta sul davanti piccoli denti seghettati per mordere e dietro denti più forti e grossi con la funzione di molari per triturare il cibo duro.

COLPO D'OCCHIO

- **Lunghezza** 58-122 cm
- **HABITAT** Acque costiere, specialmente fra scogli o alghe fitte
- **LOCATION** California, Stati Uniti
- **DIETA** Lumache di fondale, granchi, ricci e piccoli pesci cacciati di notte

PREDATORE CHE CAMMINA

Le 2 pinne appaiate davanti al corpo sono usate per nuotare, ma in acque molto basse funzionano come tozze gambe per strisciare sugli scogli.

FATTI E CIFRE

Lo squalo cornuto, come molti squali di acque basse, è fatto più per muoversi sul fondo che per cacciare in acque aperte.

LUNGHEZZA DELLE PINNE CON ACULEI

cm 2 4 6 8 — 3-6 cm

PROFONDITÀ DI NUOTO

m 3 6 9 12 — 2-11 m

VELOCITÀ DI NUOTO

km/h 1 2 3 4 — 3,6 km/h

“Lo squalo cornuto, rispetto alla dimensione, ha il morso più forte.”

OVOTECHE

A differenza di molti altri squali vivipari, lo squalo cornuto depone le uova in una morbida “borsa” cuoiosa. La madre la prende in bocca per proteggerla meglio e la nasconde nella fessura di uno scoglio, dove si incastra grazie alla forma a cavatappi. In pochi giorni si indurisce formando una ovoteca che ripara le uova dai predatori. Ci vogliono almeno 6 mesi prima che i giovani squali escano.

Squalo cornuto del Pacifico

Nel mondo si trovano vari tipi di squali cornuti e gran parte di essi ha una caratteristica colorazione a macchie scure su fondo più chiaro. Lo squalo cornuto del Pacifico ha la pelle punteggiata.

DIAVOLO DEGLI ABISSI

PESCE LANTERNA

Gli abissi marini sono così vasti e bui che i pesci carnivori a volte fanno fatica a trovare prede. Il pesce lanterna ha modo di individuarle perché è dotato di una lanterna luminosa. Gli altri pesci ne sono irrimediabilmente attratti e quando un curioso si avvicina lo afferra con le potenti mascelle. I denti, lunghi e acuminati, impediscono all'ignaro pesce di fuggire.

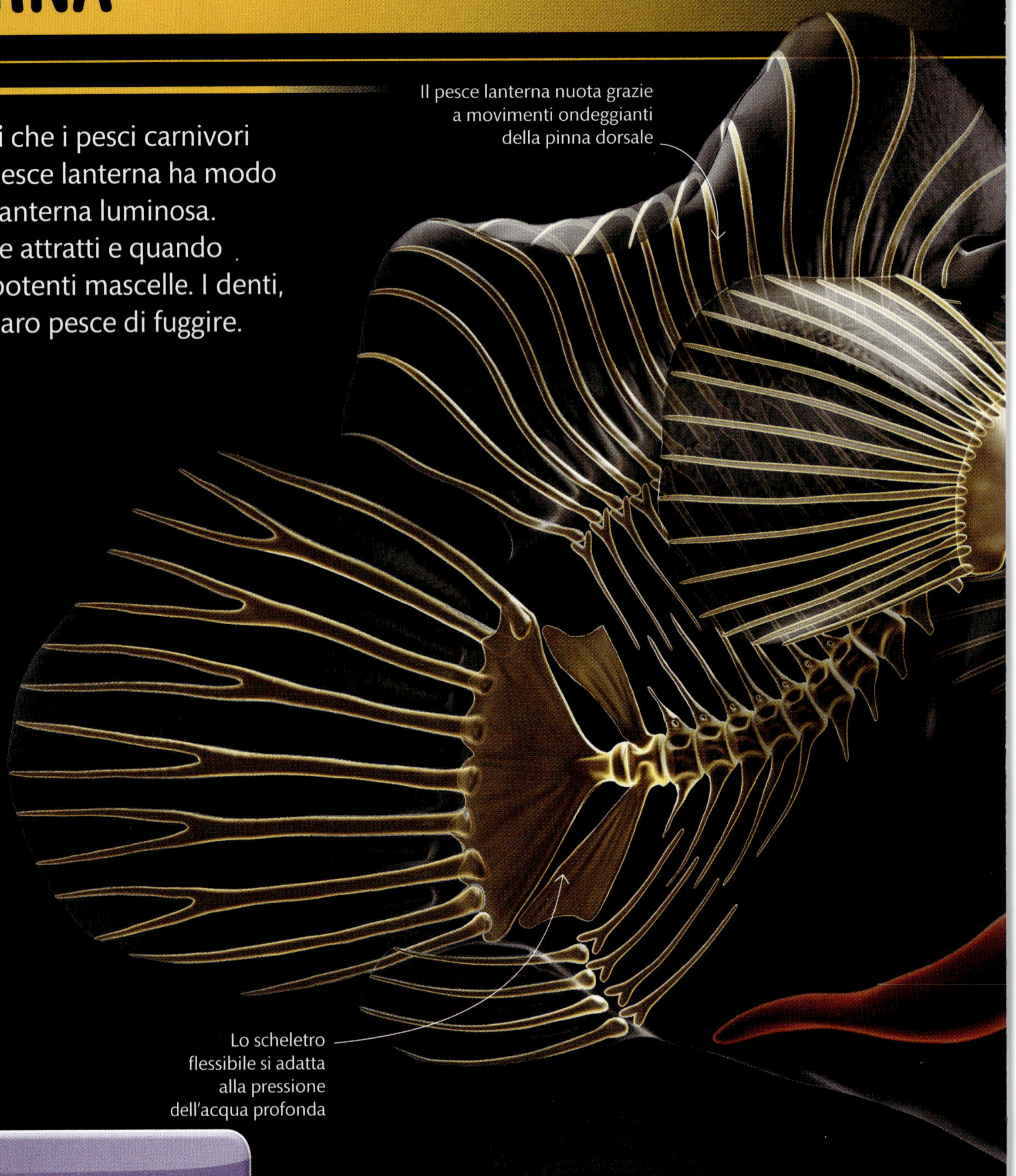

COLPO D'OCCHIO

- **LUNGHEZZA** 8-18 cm; maschi 2-2,8 cm
- **HABITAT** Abissi marini; le larve vivono più vicino alla superficie
- **DISTRIBUZIONE** Mari di tutto il mondo
- **DIETA** Pesci e altri animali degli abissi

FATTI E CIFRE

PROFONDITÀ DI NUOTO

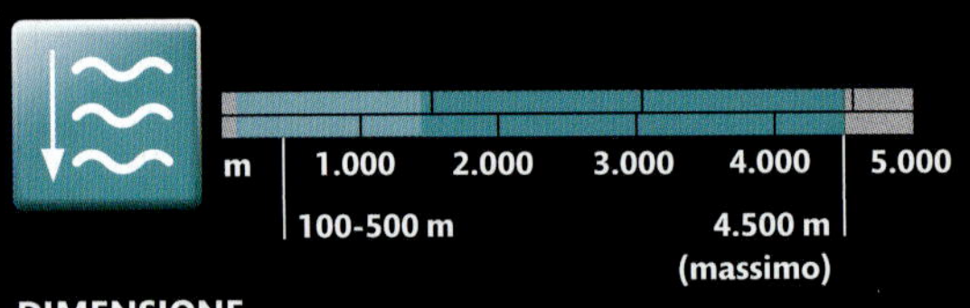

DIMENSIONE

Negli abissi il cibo è così raro che un pesce lanterna deve essere capace di catturare prede sostanziose. È stato ritrovato un pesce lanterna non ancora adulto che aveva nello stomaco un pesce vipera, 4 volte più grosso di lui.

"Mentre nuota, il suo corpo rotondo lo fa **barcollare**."

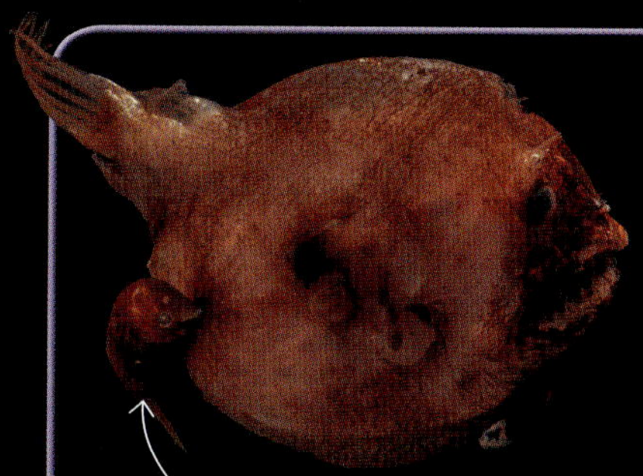

Pesce lanterna maschio

PESCE TENACE

Le femmine usano la lanterna anche per attirare il partner. I maschi non cacciano e perciò non crescono quanto le femmine. Quando trovano una compagna si uniscono per fecondare le uova. I maschi di alcune specie di pesci lanterna si attaccano alla femmina in modo parassitario e sopravvivono nutrendosi dal suo corpo.

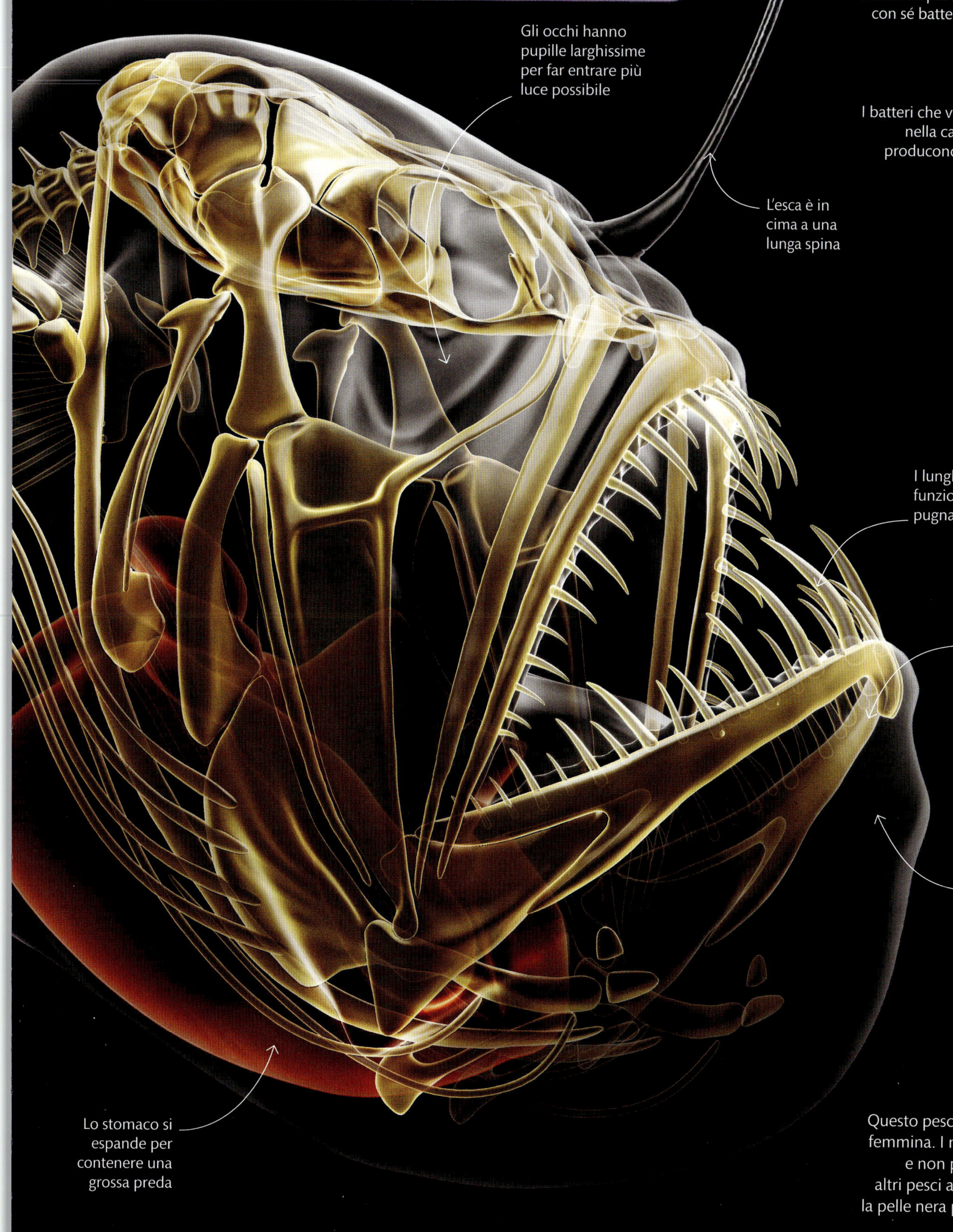

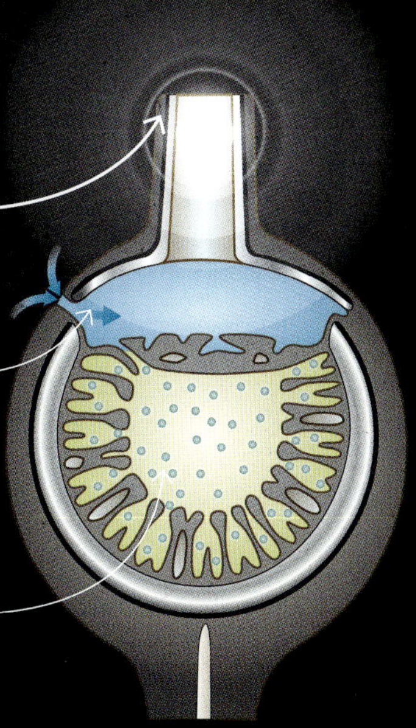

LA LAMPARA

Da un peduncolo sul capo del pesce lanterna pende una "lanterna" carnosa. Contiene numerosi batteri, che entrano con l'acqua e che brillano a contatto con sostanze chimiche prodotte dal pesce.

Signora luminosa

Questo pesce dalla bocca smisurata è una femmina. I maschi sono molto più piccoli e non portano lanterne. Come molti altri pesci abissali, i pesci lanterna hanno la pelle nera per mimetizzarsi con il fondo.

RADUNO DI UNICORNI
I narvali, come molte altre balene e delfini, socializzano fra loro e vivono in piccoli banchi. A volte parecchie centinaia di narvali di banchi diversi si raccolgono in enormi gruppi.

UNICORNO DEL MARE

NARVALO

Le acque gelate dell'Artico ospitano un meraviglioso unicorno marino: il narvalo. Il suo corno è in realtà un dente canino che fuoriesce dal labbro superiore. L'altro canino è piccolo e non serve alla masticazione. Questo cetaceo bianco si nutre succhiando piccole prede dal fondo del mare. Non si conosce il motivo di questo lungo dente esterno, ma poiché i corni sono più lunghi nei maschi si ipotizza che siano uno strumento di richiamo sessuale. A volte sono stati visti narvali che lo usavano come arma.

COLPO D'OCCHIO

- **LUNGHEZZA** 4-6 m (escluso il corno)
- **HABITAT** Acque marine fredde e profonde, attorno al ghiaccio del pack
- **DISTRIBUZIONE** Oceano Artico, soprattutto Canada, Groenlandia e Russia occidentale
- **DIETA** Pesci, calamari e gamberi

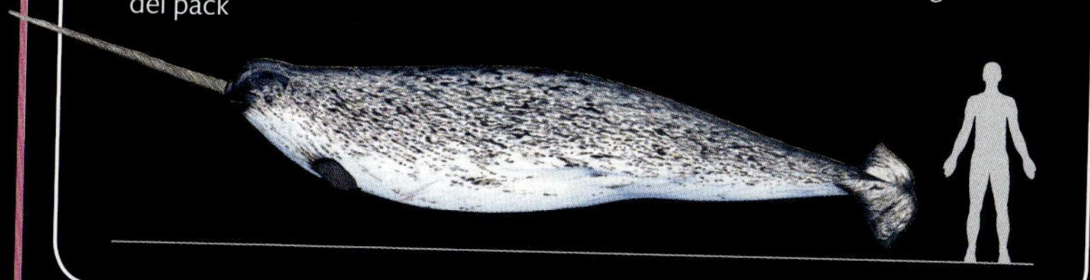

FATTI E CIFRE

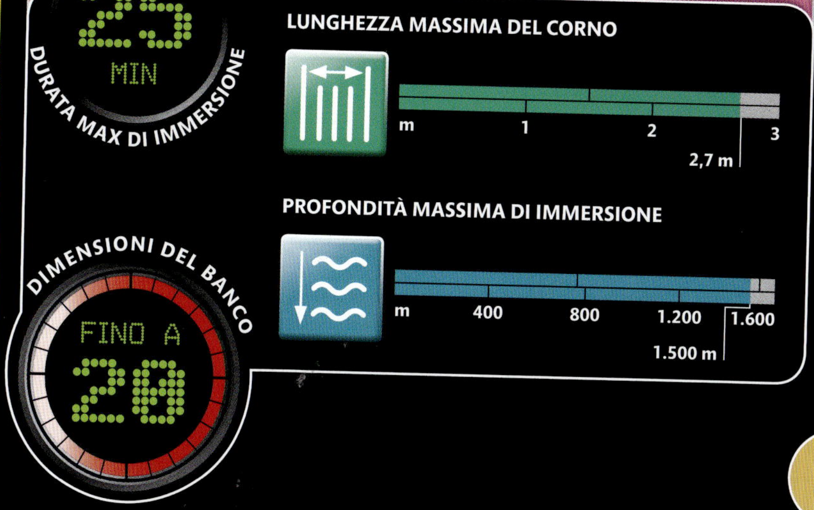

CORAZZATA URTICANTE

CARAVELLA PORTOGHESE

La puntura della caravella portoghese è così dolorosa da provocare uno shock letale. Sembra un'unica medusa ma in realtà è una colonia galleggiante di molti individui che formano una massa di tentacoli appesi sotto una specie di pallone galleggiante. Alcuni producono uova, altri hanno pungiglioni e catturano le prede, altri ancora hanno piccole bocche con cui mangiano.

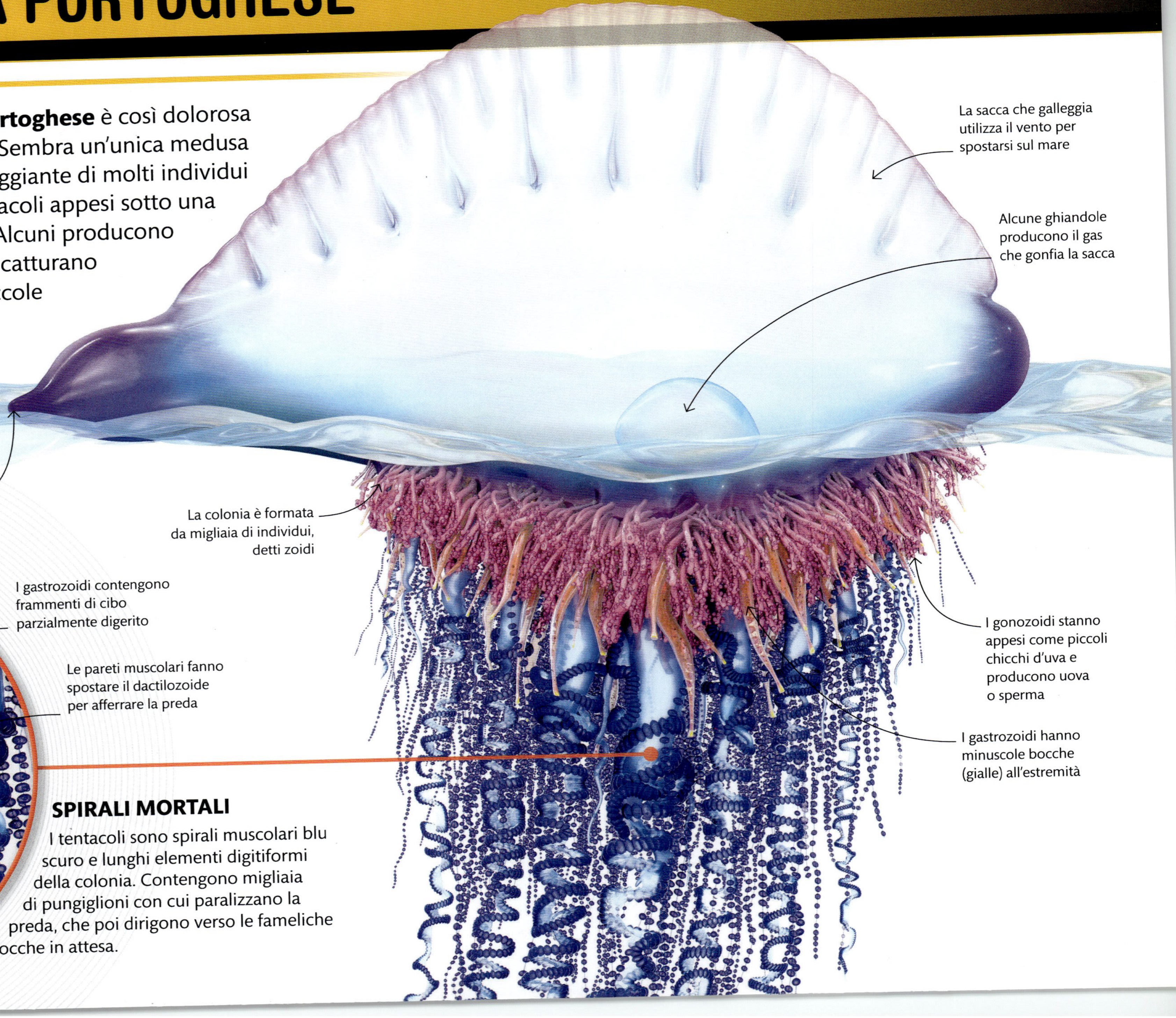

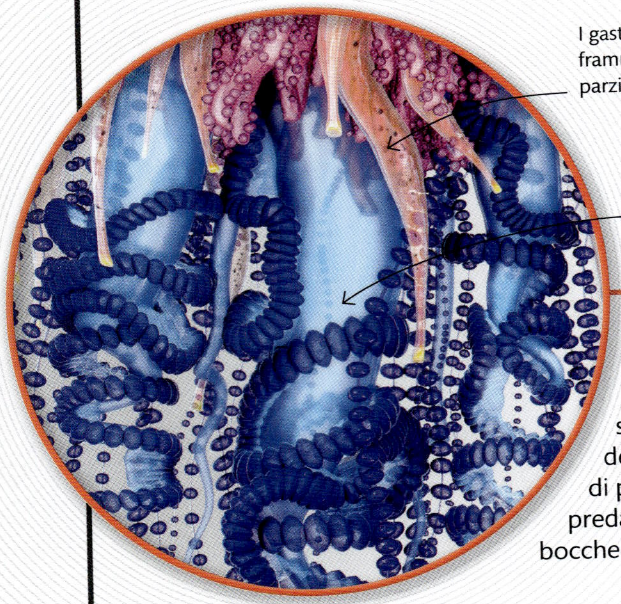

SPIRALI MORTALI

I tentacoli sono spirali muscolari blu scuro e lunghi elementi digitiformi della colonia. Contengono migliaia di pungiglioni con cui paralizzano la preda, che poi dirigono verso le fameliche bocche in attesa.

COLPO D'OCCHIO

- **LUNGHEZZA** 10-50 m
- **HABITAT** Superficie del mare aperto
- **DISTRIBUZIONE** In tutto il mondo in acque calde e tropicali
- **DIETA** Piccoli pesci e gamberi che galleggiano

FATTI E CIFRE

ALTEZZA

5 m lunghezza totale

m 10 20 30 40 50 60

15 cm lunghezza della vescica natatoria

VELOCITÀ DI CROCIERA

0,4-2,5 km/h

km/h 1 2 3

DIETA

80% giovani pesci

20% altri animali

Quando il vento soffia sulla "vela", la colonia si sposta, afferrando prede man mano che procede. La quantità di gas della sacca è regolabile e da essa dipende il percorso.

PESCI CATTURATI 120 AL GIORNO

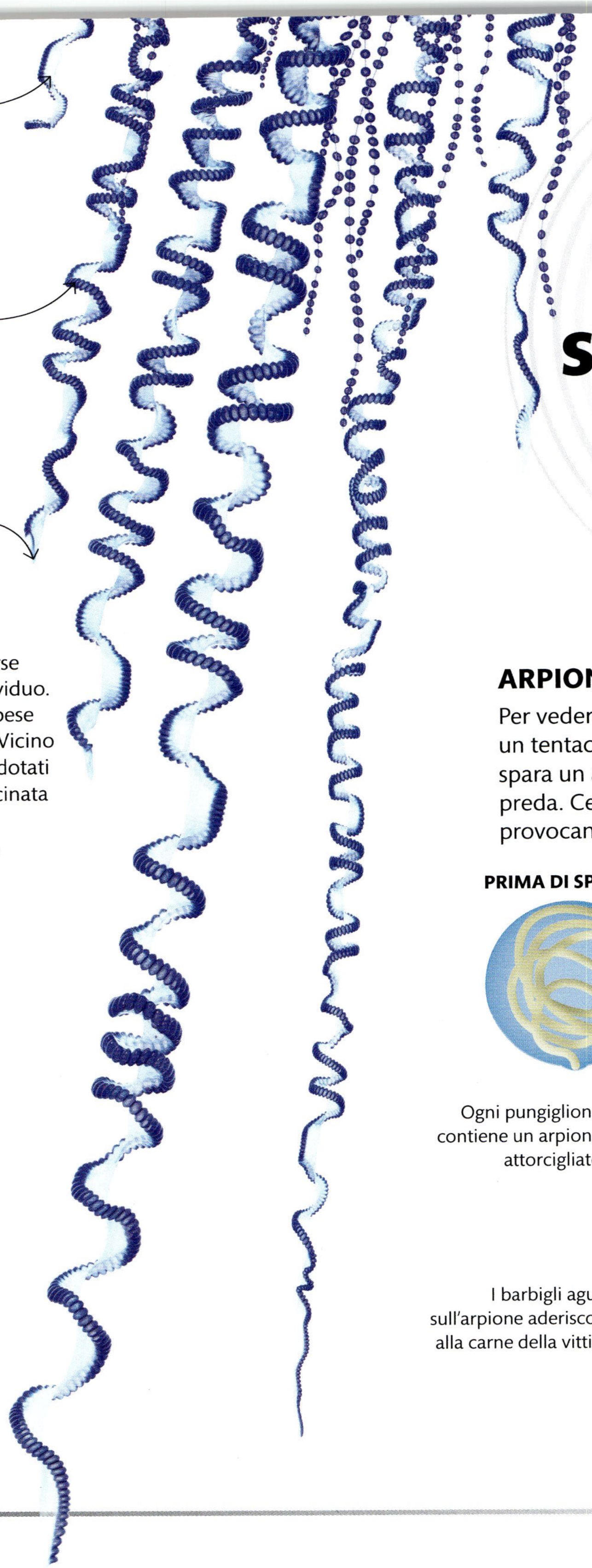

L'unione fa la forza

I componenti di questa colonia galleggiante hanno funzioni diverse ma agiscono come un unico individuo. Molti formano lunghe catene appese per pungere e afferrare la preda. Vicino alla sacca ce ne sono di più corti dotati di bocca. Quando la preda è trascinata più vicino, la raggiungono e ne succhiano e digeriscono la carne.

"Ogni arpione scatta come un proiettile."

ARPIONE IN MINIATURA

Per vedere i minuscoli pungiglioni nella pelle di un tentacolo serve un microscopio. Se toccato, spara un arpione velenoso nella carne della preda. Centinaia di arpioni sparano insieme provocando un dolore atroce.

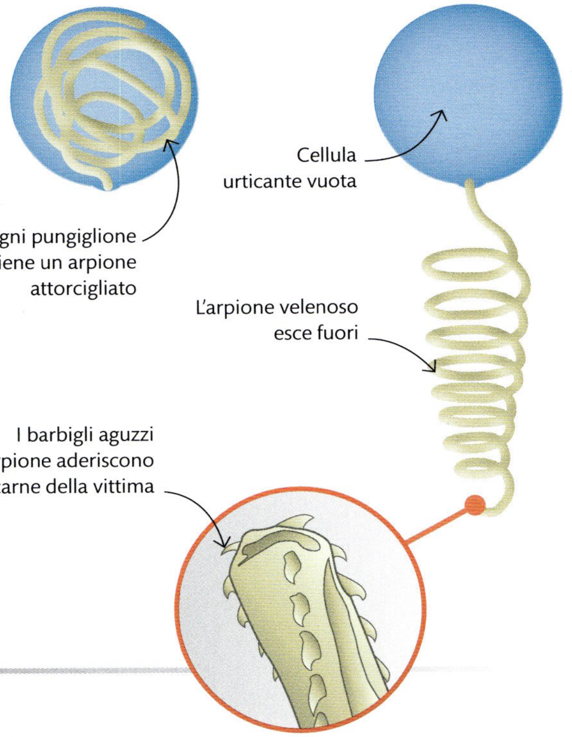

NASCOSTO DALLA PREDA
Uno squalo tappeto immobile è perfettamente mimetizzato sul fondo. Usa le pinne laterali per salire sulle rocce e appare in superficie in acque poco profonde.

PREDATORE MACULATO

SQUALO TAPPETO

Lo squalo tappeto, somigliando più a un prato maculato di ruvide alghe che a uno squalo, trova il modo perfetto per procurarsi un pasto. Confidando nella propria mimetizzazione, aspetta che una preda gli si avvicini e poi l'aggredisce. Il corpo appiattito non è adatto alla caccia di velocità ma in caso di attacco ha i riflessi pronti. Le sue mascelle si richiudono in un baleno e i denti aguzzi come aghi garantiscono che nemmeno la preda più sfuggente la faccia franca.

COLPO D'OCCHIO

- **LUNGHEZZA** 1-3,6 m
- **HABITAT** Acque poco profonde con scogli e barriere coralline
- **DISTRIBUZIONE** Coste tropicali dell'Asia orientale e Australasia
- **DIETA** Granchi, aragoste, polpi e pesci di fondale

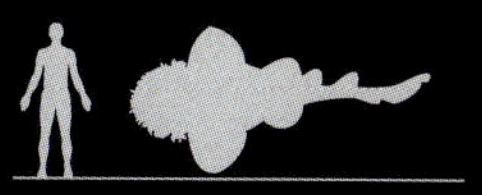

FATTI E CIFRE

Le macchie recettive dello squalo tappeto riescono a individuare le prede che si avvicinano. Nell'attacco è più rapido di molti altri tipi di squali.

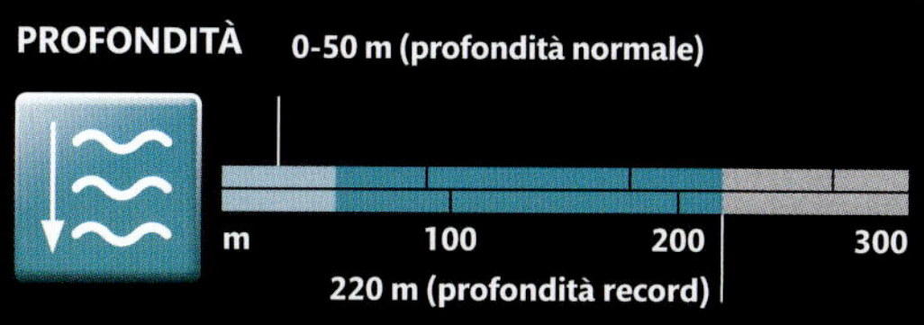

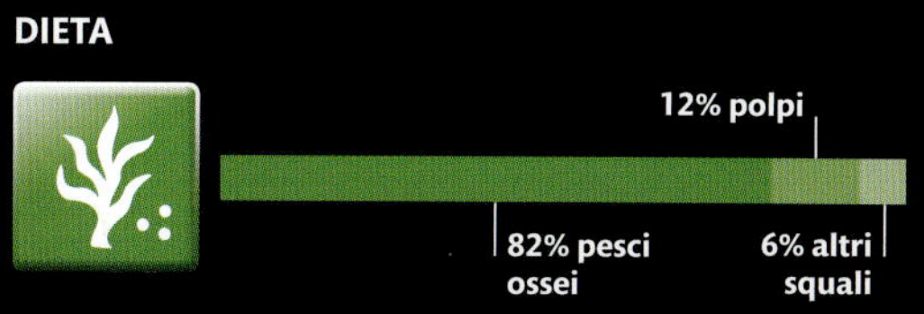

DEVASTATORE DI GUSCI

GRANCHIO REALE

I granchi con un grande e ingombrante guscio duro sono pesanti sulla terraferma ma galleggiano bene in mare; questo ha anche zampe usate come remi per navigare a mezz'acqua. Il guscio offre una buona protezione ma è troppo rigido e se il granchio cresce di volume deve liberarsene e costruirne uno nuovo.

> **"Solo un piccolo di granchio su un milione sopravvive e diventa adulto."**

COLPO D'OCCHIO

- **DIAMETRO** del guscio 17-27 cm
- **HABITAT** Estuari e insenature con fondo di fango o sabbia, risalendo i fiumi
- **DISTRIBUZIONE** Nord America occidentale, dal golfo del Messico all'Argentina; sta invadendo l'Europa e il Giappone
- **DIETA** Ostriche, molluschi, mitili, vermi, piccoli pesci, alghe e carogne

FATTI E CIFRE

LARGHEZZA DEL GUSCIO

9 cm (maschio)

cm 2 4 6 8 10

7,5 cm (femmina)

TEMPO

20 mesi per completare tutte le mute

mesi 10 20 30 40 50

Fino a 48 mesi vita media

6 MILIONI

MAX DI UOVA PER FECONDAZIONE

MUTE IN UNA VITA

FINO A 28

Atleta corazzato

Il granchio reale ha muscoli dorsali potenti, che gli permettono di nuotare usando le zampe posteriori ad apice piatto come remi.

CAMBIO DI GUSCIO

Un guscio nuovo, all'inizio sottile e cartaceo, cresce sotto il vecchio. Quando quello vecchio si fessura e si apre il granchio striscia fuori e il guscio nuovo si espande e indurisce.

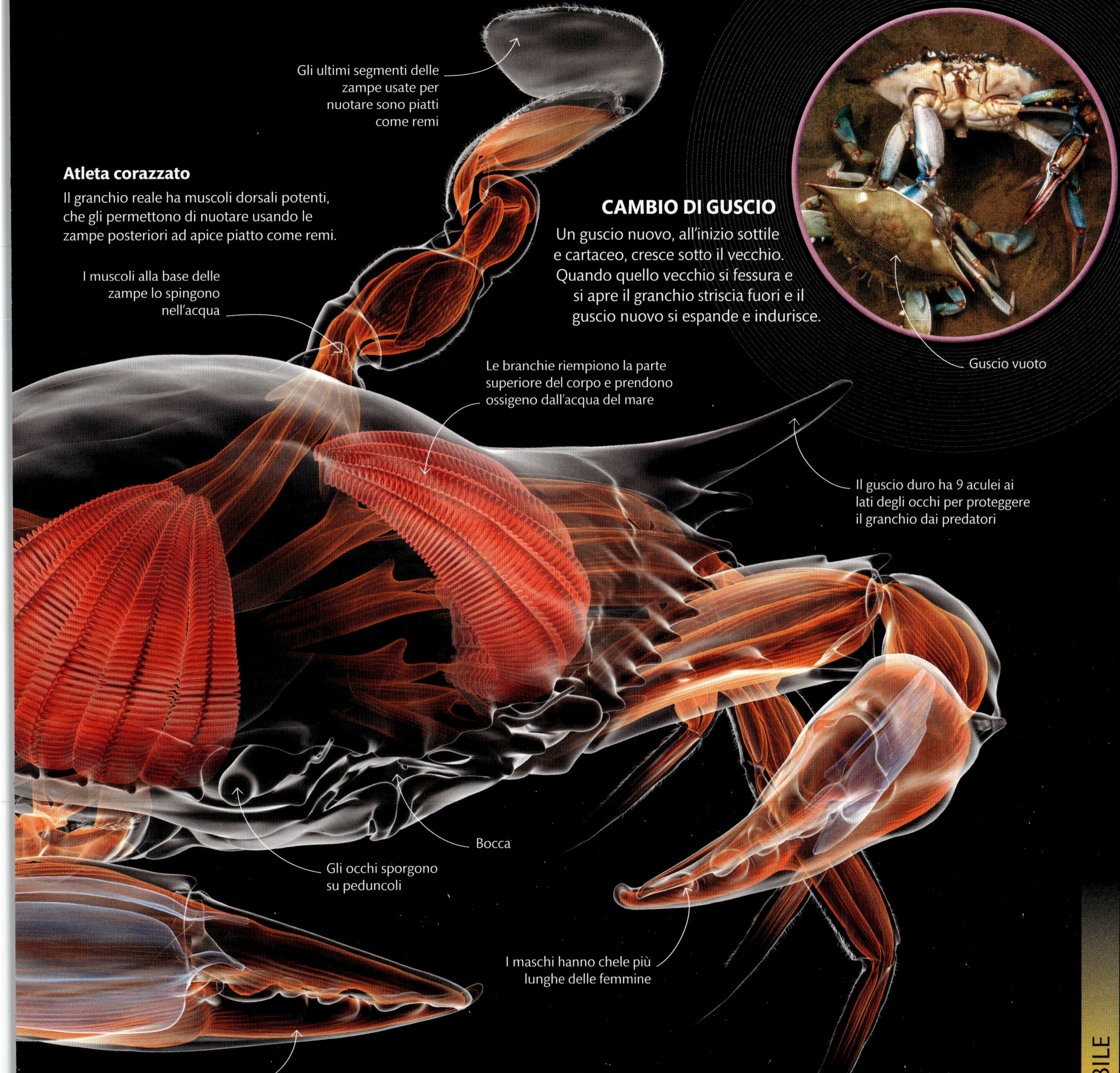

VIVAIO MOBILE

Per 2 settimane la femmina del granchio porta sul ventre un carico di uova simile a una spugna, contenente i piccoli che si sviluppano. La spugna da arancio diventa nera dopo che hanno mangiato il tuorlo.

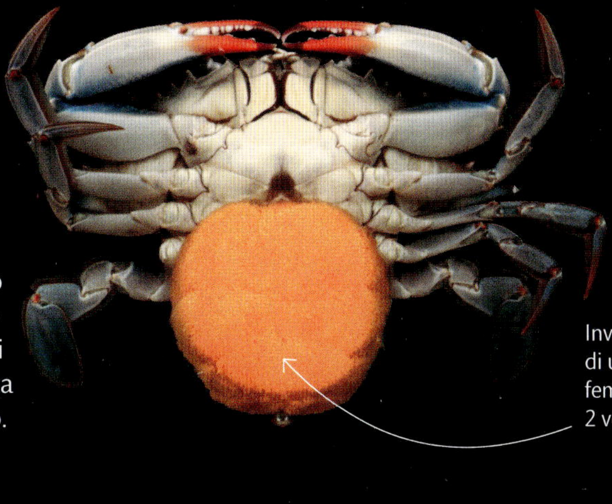

UNA BOCCA MINUSCOLA

La bocca di un ippocampo sembra una trombetta. Invece di masticare, succhia gli animali microscopici del plancton. Basta poco per soddisfare la fame di un cavalluccio pigmeo.

CAMALEONTE IN MINIATURA

CAVALLUCCIO PIGMEO

In una barriera corallina piena di predatori veloci essere lenti è un problema, specialmente se si è così piccoli da entrare nelle fauci di chiunque. Fra i pesci piccoli i cavallucci marini sono tra i più lenti, ma per fortuna sanno mimetizzarsi bene. Questi cavallucci pigmei, più piccoli di un mignolo, sono rosa, bianchi e rossi come i coralli, a cui si attaccano con la coda a spirale per evitare che correnti improvvise li trascinino nelle pericolose acque aperte.

COLPO D'OCCHIO

- **LUNGHEZZA** 1,4-2,7 cm (dalla punta della coda alla punta del muso)
- **HABITAT** Barriere coralline tropicali, dove si mimetizzano fra i rami dei coralli
- **DISTRIBUZIONE** Coste del Pacifico occidentale tropicale, compreso Giappone, Sudest asiatico, Nuova Guinea, Australia e isole del Pacifico
- **DIETA** Minuscoli crostacei

FATTI E CIFRE

I cavallucci maschi hanno una tasca per allevare i piccoli, mentre ai cavallucci pigmei basta una fessura sul ventre.

PICCOLI PER NIDIATA

FINO A 34

TEMPO DI INCUBAZIONE DELLE UOVA

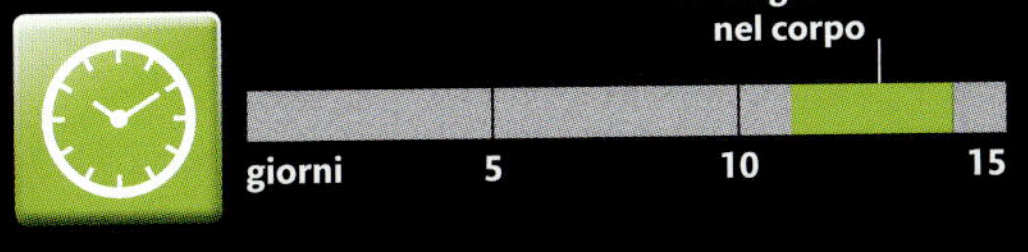

PROFONDITÀ DI NUOTO

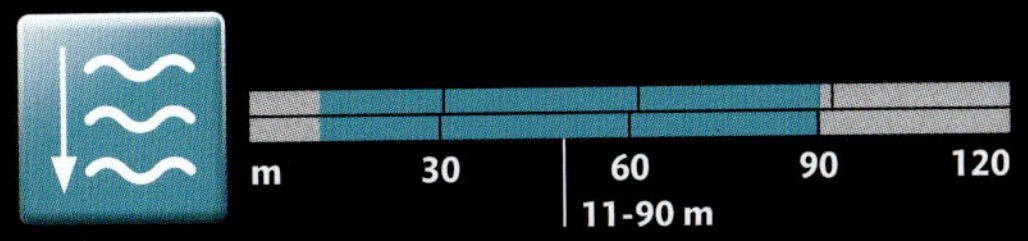

BEVITORE DI ACQUA MARINA

SQUALO DAL VENTRE

Il corpo a strisce di questo squaletto, noto anche come squalo palla, gli permette di mimetizzarsi nelle fitte alghe brune del suo habitat per nascondersi agli occhi indagatori di squali più grossi. In situazioni critiche ha però in serbo un altro trucco: riesce ad aumentare di volume riempiendo d'acqua lo stomaco ed è persino capace di arrotolarsi fino a prendersi in bocca la coda, impedendo a qualsiasi predatore di tirarlo fuori da fessure e sporgenze di scogli.

COLPO D'OCCHIO

- **LUNGHEZZA** 0,8-1,1 m
- **HABITAT** Di solito in acque poco profonde, coperto da kelp o altri tipi di alghe
- **DISTRIBUZIONE** Oceano Pacifico orientale, coste della California, Messico e Cile centrale
- **DIETA** Pesci, gamberi, granchi e lumache

FATTI E CIFRE

TEMPO PER GONFIARSI

sec 10 20 30 40

10-30 secondi

PROFONDITÀ

5-40 m (normale)

m 100 200 300 400 500

457 m (massima misurata)

3 VOLTE
AUMENTO DI DIMENSIONE

4,8 MILIONI
UOVA PER STAGIONE RIPROD.

SQUALO SOTTO COPERTURA

Gli squali dal ventre si nascondono fra scogli e alghe, dove possono assalire piccole prede o nascondersi dai predatori. Ingerendo aria invece che acqua riescono a gonfiarsi anche fuori dal mare.

"Gli squali dal ventre quando espellono l'aria **abbaiano come cani.**"

PREDATORE SPINOSO

PESCE SCORPIONE

Il pesce scorpione si aggira senza timori nella barriera corallina. Aculei lunghi quanto una matita e molti dei quali avvelenati si estendono in tutte le direzioni dal suo corpo. È un superpredatore poiché mangia qualsiasi cosa entri nella sua grande bocca. E come se ciò non bastasse riesce a espandere lo stomaco per contenere più prede possibili.

ACULEI VELENOSI

Ogni aculeo ha 2 solchi che contengono veleno. La puntura fa star male un uomo per giorni: la vittima inizia a sudare e l'arto può paralizzarsi.

Invasore pungente

Le strisce chiare del pesce scorpione sono un avvertimento del suo pericolo. Vive bene in acquari domestici ma se è liberato in mare può devastare la fauna locale.

I "baffi" servono a mascherare il contorno della bocca quando il pesce si avvicina alla preda

COLPO D'OCCHIO

- **LUNGHEZZA** 20-38 cm
- **HABITAT** Barriere coralline, scogli affioranti, lagune e acque melmose
- **DISTRIBUZIONE** Coste tropicali dall'Oceano Indiano al Pacifico centrale; introdotto anche in altre zone, come i Caraibi
- **DIETA** Pesci, granchi, gamberi, lumache e altri animali marini

FATTI E CIFRE

2 MILIONI
UOVA PRODOTTE ALL'ANNO

Quasi tutti i pesci scorpione hanno 17 aculei, mentre quello rosso (foto) ne ha una in più sul dorso.

ACULEI

1 per lato
3 sotto la coda
12-13 sul dorso
17-18 aculei totali

LUNGHEZZA ACULEI

cm 3 6 9 12 15
0,2-13 cm

30 VOLTE
ESPANSIONE DELLO STOMACO PIENO

"80 pesci scorpione mangiano 230 kg di prede l'anno in un chilometro di reef."

BOCCA ENORME

La bocca di un pesce scorpione è così ampia che sembra la benna di un escavatore. Un tentacolo simile a un corno su ogni occhio serve ad attirare le prede.

I lunghi aculei sulle pinne pettorali non sono velenosi

Le pinne pettorali si allargano all'esterno per radunare le prede

PREDATORI PERFETTI

Il pesce scorpione, dall'appetito feroce, è il re della barriera corallina. Per distrarre e confondere la preda emette getti d'acqua, ma riesce anche a stare immobile, aspettando di ingoiarla in un boccone. Alcune specie cacciano insieme, allargando le pinne per radunare banchi di pesci che colpiscono a turno. Anche la riproduzione è rapida: producono 30.000 uova per volta.

MERAVIGLIA A SANGUE BIANCO

PESCE GHIACCIO COCCODRILLO

Bisogna essere un pesce davvero speciale per vivere in fondo all'Oceano Antartico, con temperature appena sopra il punto di congelamento. Il pesce ghiaccio coccodrillo non solo ha un antigelo incorporato ma è l'unico vertebrato con sangue incolore. Tutti hanno bisogno di globuli rossi per trasportare ossigeno ma le fredde acque polari ne sono così ricche che il pesce ghiaccio può farne a meno.

COLPO D'OCCHIO

- **LUNGHEZZA** 25-72 cm
- **HABITAT** Acque fredde vicino al fondo dell'Oceano Antartico
- **DISTRIBUZIONE** Acque costiere dell'Antartico e del Sud America meridionale
- **DIETA** Altri pesci, gamberi e granchi

Avanotti pallidi

I piccoli del pesce ghiaccio sembrano di vetro. Spesso i pesci che vivono in acque fredde non riescono a pompare sangue con globuli rossi nel corpo perché è troppo denso. Il pesce ghiaccio non ha globuli rossi e attraverso la pelle trasparente ossa, muscoli e organi appaiono completamente bianchi.

FATTI E CIFRE

TEMPERATURA DELL'HABITAT

°C -2 0 2 4
-1,9-1,5 °C

L'acqua dolce congela a 0 °C, mentre l'acqua salata in cui vive il pesce ghiaccio congela a una temperatura molto inferiore.

PROFONDITÀ DI NUOTO

m 500 1.000 1.500 2.000
700-1.500 m

RAGGIUNGE LA MATURITÀ IN
4–8
ANNI

"Un pesce ghiaccio ha **4 volte** più sangue di un pesce a sangue rosso della stessa dimensione."

ALI DEL MARE

SQUALO ANGELO

Le "ali" da angelo possono far pensare a un grazioso nuotatore, ma questo squalo non ha nulla di angelico. Di giorno sta immobile sul fondo, perfettamente mimetizzato, e colpisce rapidamente con i denti affilati come aghi. Se per caso ne calpestate uno, capirete perché è soprannominato "diavolo della sabbia".

COLPO D'OCCHIO

- **LUNGHEZZA** 0,35-2 m
- **HABITAT** Perlopiù acque basse vicino alla costa
- **DISTRIBUZIONE** In tutto il mondo, specialmente ai tropici e in zone più calde
- **DIETA** Piccoli pesci, calamari, polpi, lumache
- e molluschi

FATTI E CIFRE

APERTURA ALARE

VELOCITÀ TIPICA DI NUOTO

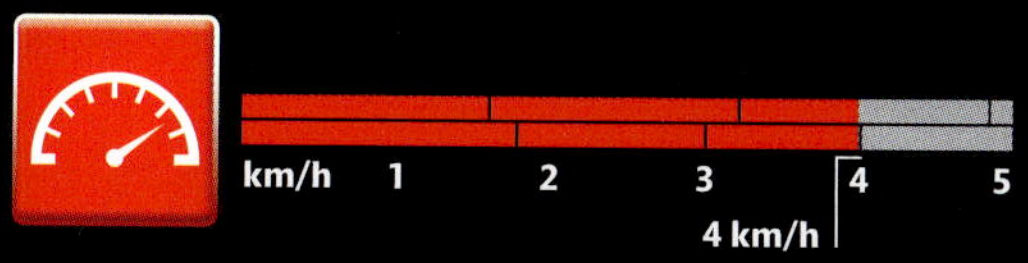

DISTANZA DI ATTACCO

Lo squalo angelo non nuota veloce e quindi preferisce fare imboscate. Ha gli occhi rivolti verso l'alto per individuare le prede e quando queste si avvicinano estende le mascelle e le afferra.

Angelo di morte

Di notte lo squalo angelo lascia il fondo e nuota in cerca di cibo. Le sue "ali" sono in realtà pinne pettorali che si estendono ai lati del corpo, facendolo sembrare più una razza che uno squalo.

ASSASSINO A SANGUE CALDO

GRANDE SQUALO BIANCO

Lo squalo bianco è il killer più famoso e quando è affamato è un cacciatore rapidissimo. Ha una preferenza per la carne a sangue caldo e spesso prende di mira mammiferi, come foche o delfini, che eguaglia in velocità poiché ha speciali gruppi muscolari che generano calore interno e un ingegnoso apparato vascolare che lo mantiene.

LAME MORTALI

Il grande squalo bianco ha larghi denti aguzzi triangolari. I denti inferiori, più stretti, servono ad afferrare la preda, quelli superiori a sega la sbranano.

COLPO D'OCCHIO

- **LUNGHEZZA** Fino a 6 m
- **HABITAT** Acque perlopiù costiere e alto mare
- **DISTRIBUZIONE** In tutto il mondo
- **DIETA** Foche, delfini, tartarughe, uccelli marini e grandi pesci

FATTI E CIFRE

PESO DELLA PREDA

kg 400 | 800 | 1.200 | 1.600

1-1.500 kg

PROFONDITÀ DI NUOTO

m 500 | 1.000 | 1.500

900 m (normale)

1.200 m (record)

DISTANZA DI MIGRAZIONE

km 10.000 | 20.000 | 30.000

20.000 km

Il grande squalo bianco è uno degli squali più longevi e diffusi. Anche se di solito viene avvistato lungo le coste, spesso migra coprendo lunghe distanze e attraversa oceani interi.

DURATA DELLA VITA

78 ANNI

Superpredatore

La dimensione, la velocità e le forti mascelle fanno dello squalo bianco uno dei predatori più terrificanti. Gli squali giovani si nutrono di altri pesci, quelli più grandi preferiscono i mammiferi marini e a volte attaccano anche l'uomo. Oltre a prede vive, ripuliscono anche le carcasse di balene.

"Può **percepire** una goccia di **sangue** nell'acqua fino a **5 km** di distanza."

MASCELLE SCATTANTI

Per uno squalo bianco affamato una grassa foca è un pasto sostanzioso: ecco perché gli squali pattugliano le acque attorno alle colonie di foche. Lo squalo carica da sotto così rapidamente che spesso, afferrando la foca con le terribili mascelle, la fa volare in aria. L'animale dilaniato viene finito con un morso al capo e al collo, poi lo squalo trascina il cadavere sott'acqua per mangiarlo.

"Gli squali bianchi possono saltare fino a 3 m fuori dall'acqua."

MOLLUSCO DALLE GRANDI LABBRA

TRIDACNA GIGANTE

"Durante la vita una tridacna produce fino a **6 miliardi** di uova."

Questa tridacna gigante vive in reef poco profondi e a differenza di gran parte dei molluschi è così grande da riempire una vasca da bagno. Il peso, superiore a 2 cuccioli di elefante, si deve soprattutto al guscio. Questo, come in tutte le bivalve, tipo le vongole, è diviso in 2 parti collegate da una cerniera, che si aprono e chiudono per mezzo di forti muscoli. Quando è spalancata il corpo carnoso si crogiola al caldo sole tropicale. La luce le fornisce molta dell'energia necessaria per crescere.

COLPO D'OCCHIO

- **LUNGHEZZA** Fino a 1,2 m
- **HABITAT** Acque marine poco profonde
- **DISTRIBUZIONE** Mari tropicali, soprattutto Oceano Indo-Pacifico
- **DIETA** Plancton e cibo prodotto da alghe interne

FATTI E CIFRE

UOVA

lunghe 0,1 mm (scala: mm 0,1 – 0,2)

12 ore (per schiudersi) (scala: ore 8 – 12 – 16)

DURATA DELLA VITA

100 anni (massimo); 70 anni (media) (scala: anni 50 – 100 – 150)

Le uova della tridacna gigante si schiudono in larve, che passano circa una settimana a galleggiare nell'acqua, per poi sistemarsi sul fondo.

UOVA PER OGNI NIDIATA: 500 MILIONI

FONTI DI CIBO

Le tridacne giganti si nutrono in parte di plancton e in parte di cibo fotosintetizzato dalle alghe microscopiche che vivono nel loro corpo.

CARATTERE SPINOSO

PESCE PALLA

Il pesce palla è così chiamato perché si gonfia come un pallone ingoiando acqua quando si trova in pericolo. Di solito lo stratagemma è sufficiente per far fuggire i predatori, ma non solo, dato che la sua pelle è coperta di spine che si drizzano quando si dilata, al punto che nessun carnivoro, per quanto affamato, ha il coraggio di addentarlo.

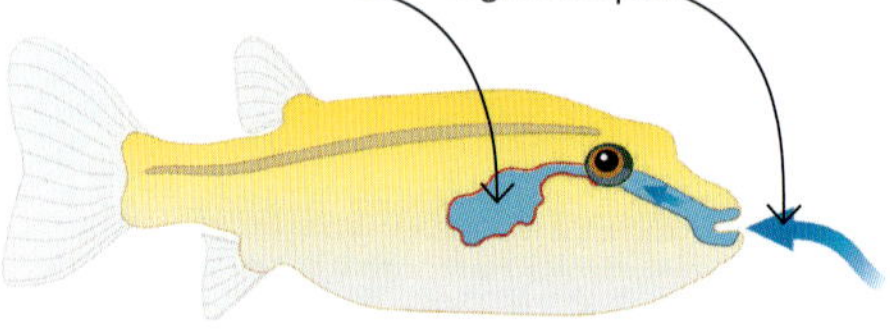

NORMALE

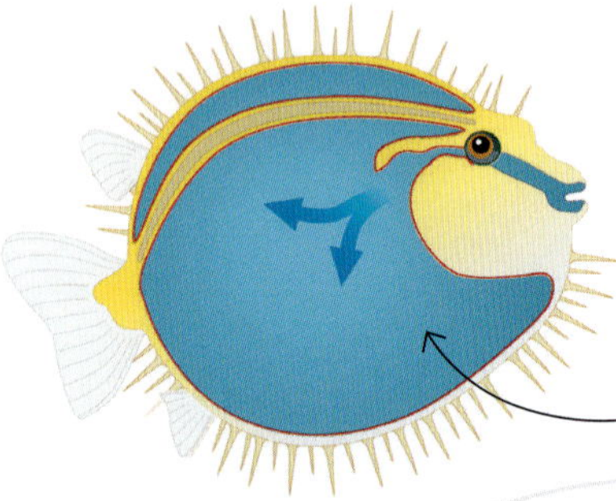

GONFIATO

BELLO TONDO

Il pesce palla riesce a gonfiarsi ingoiando molta acqua di mare perché le pareti del suo stomaco sono ripiegate e si espandono quando si riempiono. Inoltre ha la pelle molto elastica.

"La **pelle** e gli **organi** del pesce palla contengono un **veleno mortale.**"

COLPO D'OCCHIO

- **LUNGHEZZA** 15-50 cm
- **HABITAT** Acque basse in scogliere, barriere coralline e fra mangrovie e praterie di alghe
- **DISTRIBUZIONE** In tutto il mondo ai tropici
- **DIETA** Lumache, ricci e granchi, cacciati soprattutto di notte

FATTI E CIFRE

VOLUME DELLO STOMACO

ml 100 200 300

3 ml (prima di gonfiarsi) — **270 m (dopo essersi gonfiato)**

PROFONDITÀ DI NUOTO

m 10 20 30 40

2-35 m

I pesci palla adulti stanno nascosti vicino al fondo. Quando nuotano in acque aperte sono infatti facile preda di pesci più grandi.

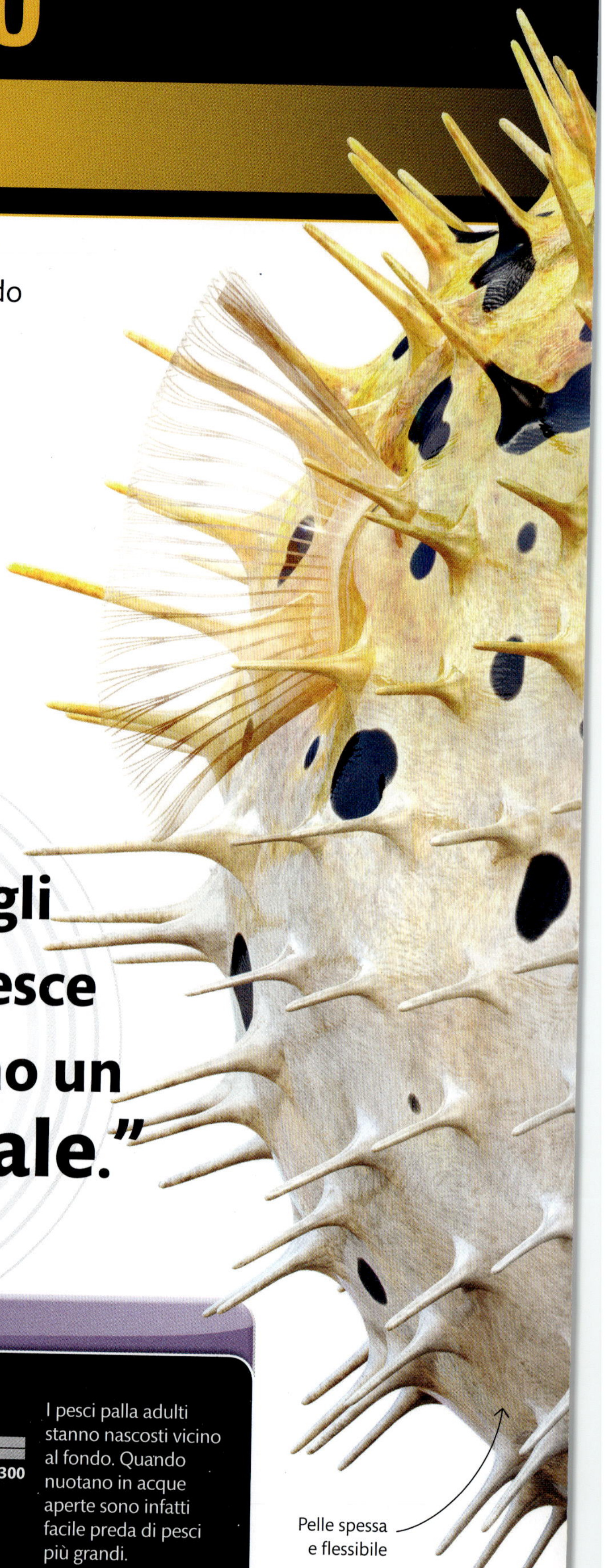

PIÙ CHE UNA BOCCATA

Molti tipi di pesci palla non hanno aculei ma riescono più che a raddoppiare il loro volume. Di solito diventano così grossi da non entrare nella bocca di molti predatori, che si arrendono e li lasciano liberi. Solo i cacciatori più ostinati, come i pesci lucertola, riescono a nutrirsene.

Difesa pungente

Il pesce palla, dotato di spine, viene talora chiamato pesce istrice. È uno dei più grossi, ma per difendersi si affida sempre al trucco di gonfiarsi. Quando nuota normalmente gli aculei sono appiattiti sul corpo, quando si dilata si rizzano.

UN POSTICINO SICURO

I piccoli di pesce palla riescono a sfuggire ai grandi predatori grazie alle macchie scure che li mimetizzano fra le fronde delle alghe. Questo, invece, ha scelto la cavità di una spugna barile.

PREDATORE A SORPRESA

VERME BOBBIT

Questo verme assale e si nutre di pesci affamati, invece di essere loro preda. Raggiunge fino a 3 m di lunghezza ma in gran parte rimane nascosto sotto la sabbia, da cui fuoriesce solo la testa. Il verme attacca il pesce che si avvicina e lo sbrana con le mascelle seghettate, tagliandolo in due. Ha inoltre un veleno anestetizzante che impedisce a prede più grosse di fuggire.

COLPO D'OCCHIO

- **LUNGHEZZA** 1-3 m
- **HABITAT** In barriere coralline, sotto massi, in fessure, nel fango o nella sabbia
- **DISTRIBUZIONE** Oceano Indiano e Pacifico occidentale
- **DIETA** Gamberi, vermi, pesci, alghe e carogne; emerge di notte per nutrirsi

FATTI E CIFRE

LARGHEZZA DELLA MASCELLA

cm 2 4 6 — 5 cm (media)

673 SEGMENTI DEL CORPO (MAX)

ALTEZZA FUORI DALLA TANA

cm 5 10 15 20 25 30 — Circa 20 cm (sopra la tana)

Il verme percepisce la preda con organi sensori che ha sul capo, poi la sbrana con un rapido morso.

TEMPO PER COLPIRE

sec 0,2 0,4 0,6 — 0,5 secondi

NUMERO DI ORGANI SENSORI **5**

MASCELLE COME FORBICI

Il verme Bobbit riesce a scagliare la faringe fuori dalla bocca per afferrare le prede più lontane con le aguzze mascelle laceranti. Il morso è così potente da far uscire sangue dal dito di un uomo.

"Il verme Bobbit ha **5 paia** di **mascelle** ad azione rapida."

"Questo squalo **aggressivo** spesso **segue le navi** a caccia di cibo."

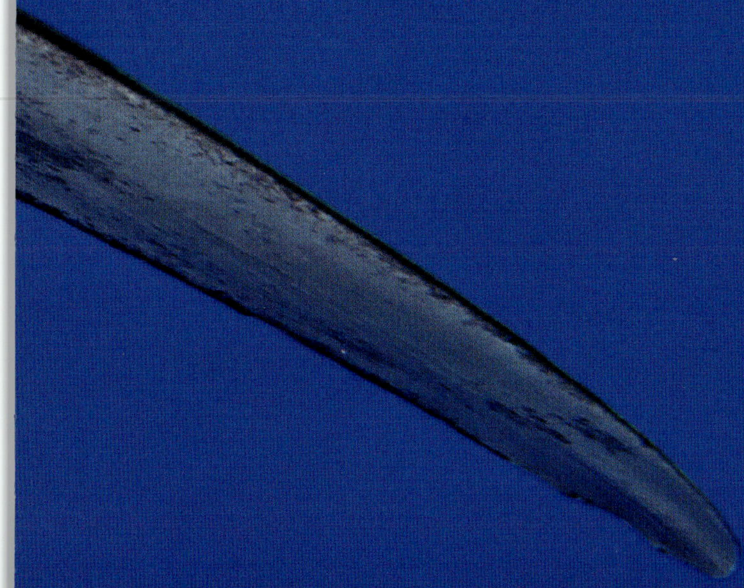

BULLO PINNATO

Lo squalo pinna bianca oceanico vive solitario ma spesso fa il prepotente ed entra in concorrenza con altri squali per accaparrarsi più cibo. Inoltre segue banchi di delfini e balene pilota per cibarsi dei loro avanzi.

PINNE FAVOLOSE

SQUALO PINNA BIANCA OCEANICO

Allo squalo pinna bianca oceanico piace aggirarsi appena sotto la superficie dei mari caldi tropicali, tenendo allargate le lunghe pinne, simili a remi. Conduce uno stile di vita tranquillo ma caccia alcuni dei pesci oceanici più veloci, fra cui tonni e sgombri. Nuota con la bocca spalancata finché la preda gli è così vicina da afferrarla con le mascelle.

COLPO D'OCCHIO

- **LUNGHEZZA** 3-4 m
- **HABITAT** Mare aperto caldo, di solito vicino alla superficie
- **DISTRIBUZIONE** Mari tropicali e subtropicali di tutto il mondo
- **DIETA** Soprattutto pesci e calamari, a volte uccelli marini, mammiferi marini e rifiuti umani

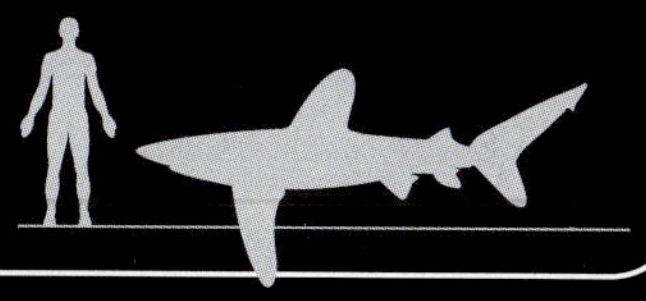

FATTI E CIFRE

In proporzione al corpo le pinne dorsale e pettorale sono più grandi di quelle di molte altre specie di squali. Deve il suo nome alle estremità rotonde delle pinne, che sono bianche.

LUNGHEZZA DELLE PINNE PETTORALI

cm 50 100 150

60-100 cm

ALTEZZA DELLA PINNA DORSALE

cm 20 40 60 80

36-60 cm

PESO MASSIMO

kg 50 100 150 200

167 kg

DURATA MASSIMA DELLA VITA

22 ANNI

TIRATORE PRECISO

CONUS

Le lumache sono animali lenti e per sopravvivere devono dotarsi di un'arma segreta e quella del Conus è la più pericolosa. Come le sue parenti vegetariane striscia su un piede ed è quindi molto lenta nella caccia, ma quando un pesce le si avvicina estroflette il muso carnoso, dotato di una freccia velenosa, e arpiona la vittima. Inghiotte intero il pesce dopo averlo paralizzato con il veleno.

"I Conus scagliano fino a **20 arpioni** per volta."

COLPO D'OCCHIO

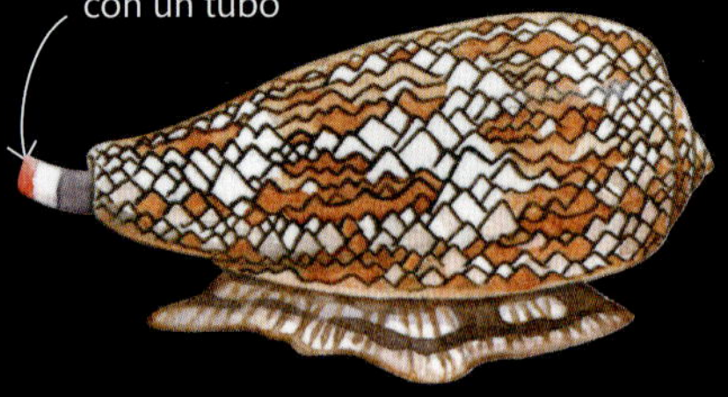

La lumaca percepisce la preda assaggiando l'acqua con un tubo

- **LUNGHEZZA** Lunghezza della conchiglia 1-22 cm
- **HABITAT** Acque marine costiere, spesso nascosta sotto la sabbia
- **DISTRIBUZIONE** Mari caldi e tropicali
- **DIETA** Pesci, vermi e altre lumache

FATTI E CIFRE

TEMPO DI CATTURA

0,25 secondi (per arpionare la preda)
10 secondi (per inghiottire la preda)
sec 5 10 15
2 secondi (per paralizzare la preda)
12,25 secondi (tempo totale)

VELOCITÀ DELL'ARPIONE

m/s 0,5 1
0,6 m/sec

1-2 ORE
PER DIGERIRE LA PREDA

SOSTANZE VELENOSE
200

Orribile freccia

Il Conus aspetta che la preda si accosti prima di scagliare una freccia avvelenata. A volte colpisce anche un'incauta mano umana, con risultati fatali.

Motivi colorati sulla conchiglia lucente di forma conica

Le parti boccali lunghe e tubulari scagliano una freccia avvelenata

VAMPIRO MARINO

LAMPREDA DI MARE

La lampreda di mare è un animale assetato di sangue ma non può mordere perché le mancano le mascelle. La sua bocca è adattata per succhiare, con denti che scalfiscono la carne di altri pesci facendoli sanguinare. Vive i primi anni nei fiumi come minuscola larva vermiforme innocua che si nutre di plancton, poi si spinge in mare e passa all'alimentazione carnivora.

Stomaco senza mascelle

La lampreda aggredisce qualsiasi cosa sia abbastanza grossa. I suoi denti si agganciano di lato a un pesce, poi la bocca lo raschia fino a far uscire sangue, che ingoia insieme alle squame.

COLPO D'OCCHIO

- **LUNGHEZZA** 60-120 cm
- **HABITAT** Mari e oceani come adulto che succhia sangue; migra in fiumi e torrenti per riprodursi
- **DISTRIBUZIONE** Oceano Atlantico settentrionale, Mar Mediterraneo, Nord America ed Europa
- **DIETA** Succhia il sangue di altri pesci, a volte di balene o delfini; da larva filtra plancton

FATTI E CIFRE

DISTANZA DI MIGRAZIONE

km 250 | 500 750 1.000

20-850 km (dal mare alle zone di deposizione delle uova)

TEMPO

6 anni (larva in acqua dolce) | 2 anni (giovane in estuari) | 2 anni (adulta in mare)

anni 2 4 6 8 10

10 anni (durata normale di vita)

22 ANNI — DURATA MASSIMA DELLA VITA

DENTI **100**

PUNGITORE MACULATO

PASTINACA A MACCHIE BLU

Le macchie blu di solito sono usate dai pesci tropicali per attirare l'attenzione ma questa razza le usa invece per mascherarsi. Quando la pastinaca a macchie blu si posa sul fondo di un reef, le macchie impediscono di distinguerne bene i contorni. Aspetta pazientemente che passi qualcosa di gustoso, poi lo soffoca con il corpo piatto e se lo mangia. Attenzione a non camminare sul suo aculeo caudale: il dolore è atroce!

COLPO D'OCCHIO

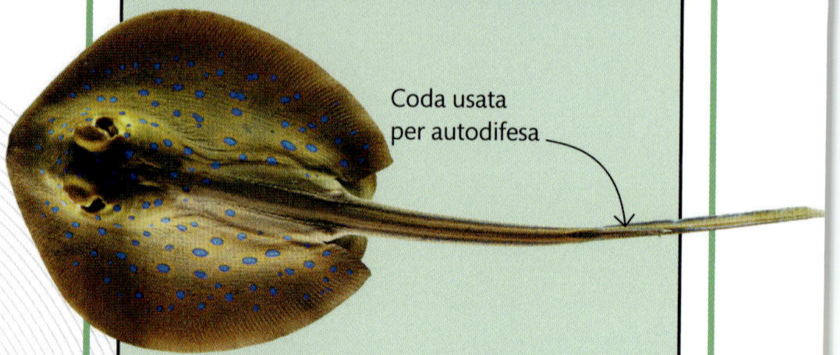

- **LUNGHEZZA** 70-90 cm
- **HABITAT** Zone sabbiose e caverne nella barriera corallina
- **DISTRIBUZIONE** Mar Rosso, Oceano Indiano e Pacifico occidentale
- **DIETA** Lumache, vermi, gamberi e granchi

OCCHI SU CORNI

Gli occhi sporgono dal corpo piatto e permettono a questa razza di osservare la sabbia e individuare un pericolo o del cibo.

Vagabondo alato

La pastinaca trascorre gran parte del tempo sul fondo, ma è anche un elegante nuotatore. Le sue pinne laterali, come quelle di altre razze, si espandono a formare "ali", che ondeggiano per "volare" nell'acqua.

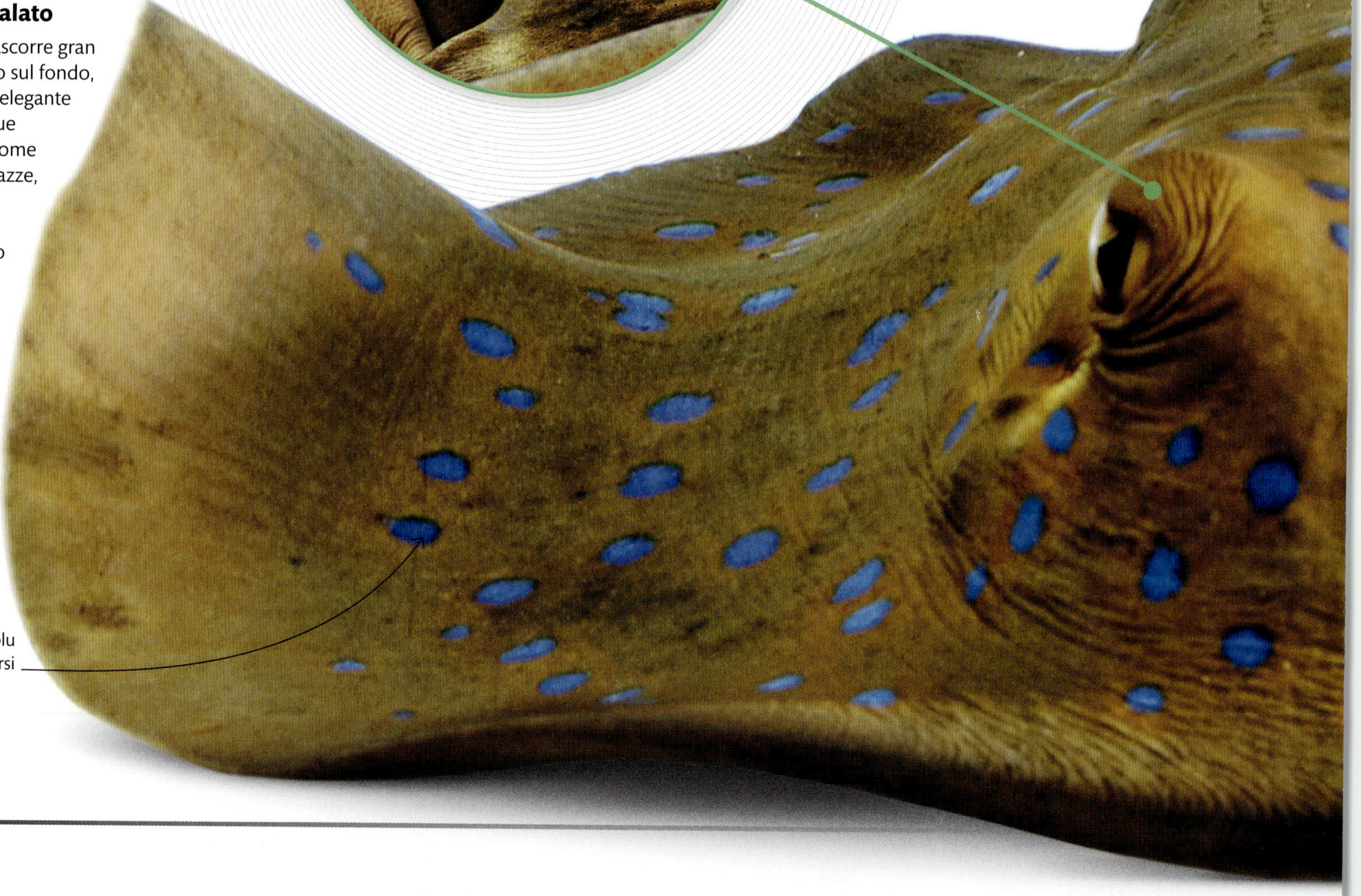

FATTI E CIFRE

AMPIEZZA MASSIMA

cm 10 20 30 40 — 30 cm

LUNGHEZZA DELL'ACULEO

cm 2.5 5 7,5 10 — 5-7 cm

Le razze usano la coda per sferzare i predatori; a volte la punta dell'aculeo velenoso si spezza nella pelle della vittima.

NUMERO MASSIMO DI PICCOLI

7

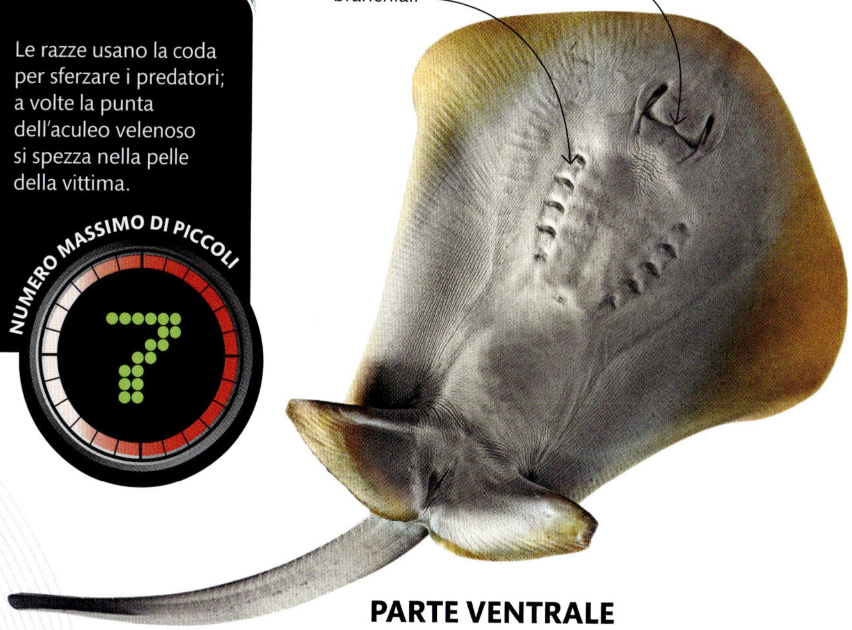

PARTE VENTRALE

La bocca della razza posta nella parte ventrale è perfetta per afferrare il cibo dalla sabbia. L'acqua marina ingoiata dalla bocca fuoriesce dalle fessure branchiali sotto il corpo.

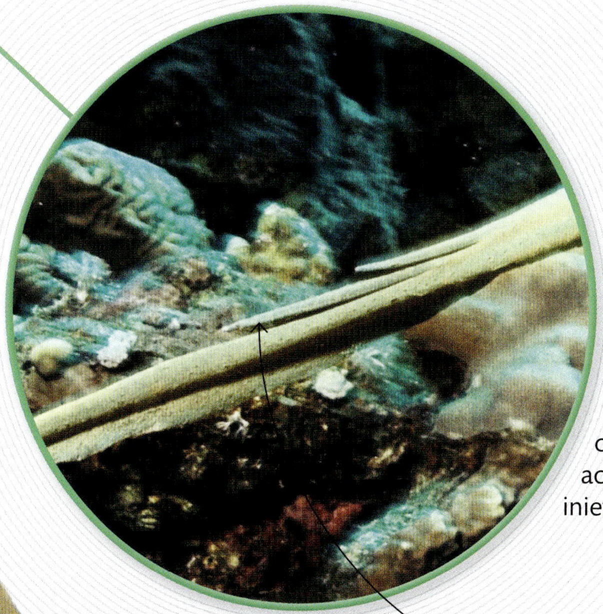

PUNGIGLIONI

La razza ha sulla coda che causa la puntura 1 o 2 aculei appuntiti con i quali inietta un veleno doloroso.

Di solito ha 2 aculei velenosi

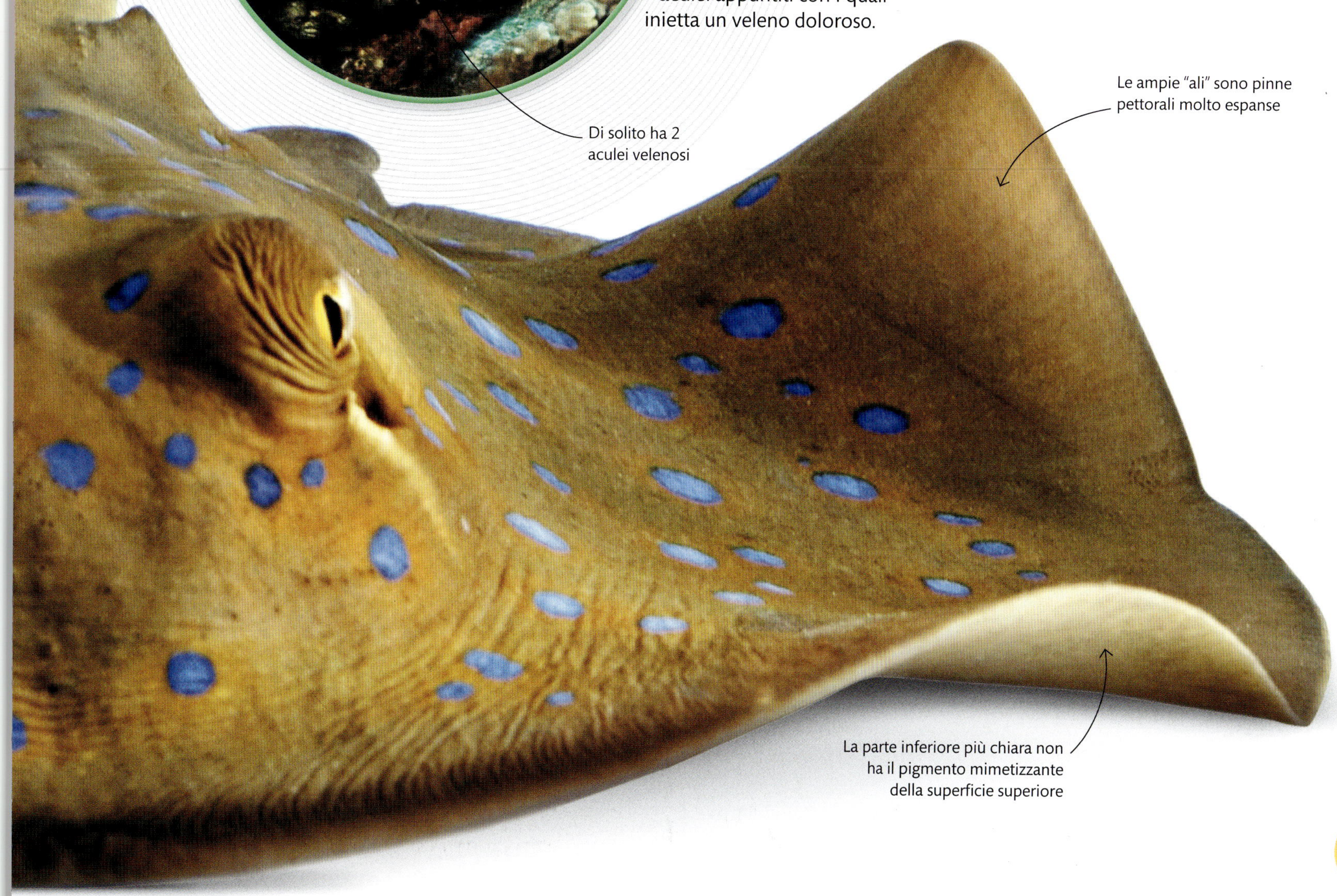

Le ampie "ali" sono pinne pettorali molto espanse

La parte inferiore più chiara non ha il pigmento mimetizzante della superficie superiore

MERAVIGLIA CHE CAMMINA

PESCE PIPISTRELLO

Nessuno sa perché il pesce pipistrello abbia labbra tanto rosse, ma non c'è alcun dubbio su come si procuri la cena: possiede una tozza canna da pesca nascosta dietro il "corno" che ha sulla fronte. La sua punta sporgente diffonde nell'acqua un profumo che attira le prede. Sebbene sappia nuotare preferisce spostarsi sul fondo con le pinne rigide, simili a zampe.

COLPO D'OCCHIO

- **LUNGHEZZA** 14-20 cm
- **HABITAT** Acque costiere tropicali sul fondo di fango o di sabbia
- **DISTRIBUZIONE** Isole Cocos e Galapagos, nell'Oceano Pacifico orientale
- **DIETA** Piccole lumache, molluschi, gamberi, vermi e pesci

FATTI E CIFRE

PROFONDITÀ

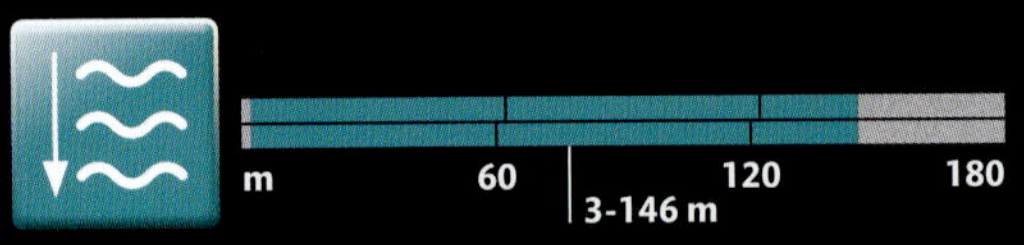

VELOCITÀ

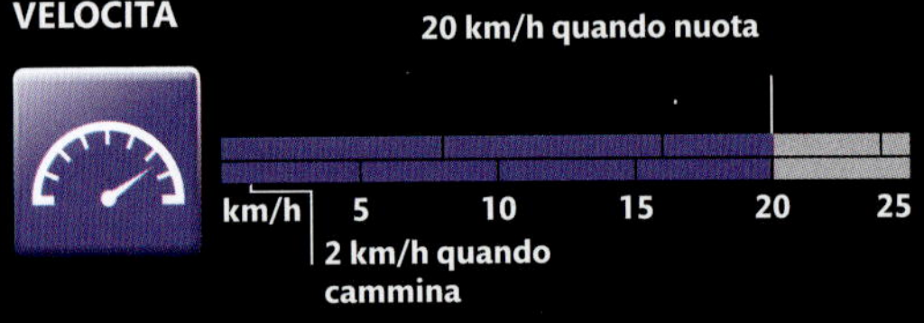

LUNGHEZZA DEL MUSO

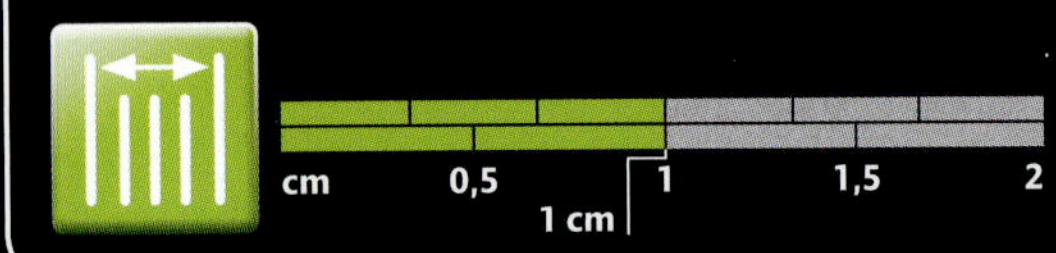

Il pesce pipistrello è così chiamato per la sua andatura lenta e strisciante che sembra quella di un pipistrello che si arrampica. Nuota vicino al fondo e, quando vi si insedia, il corpo bruno si mimetizza con la sabbia e il fango.

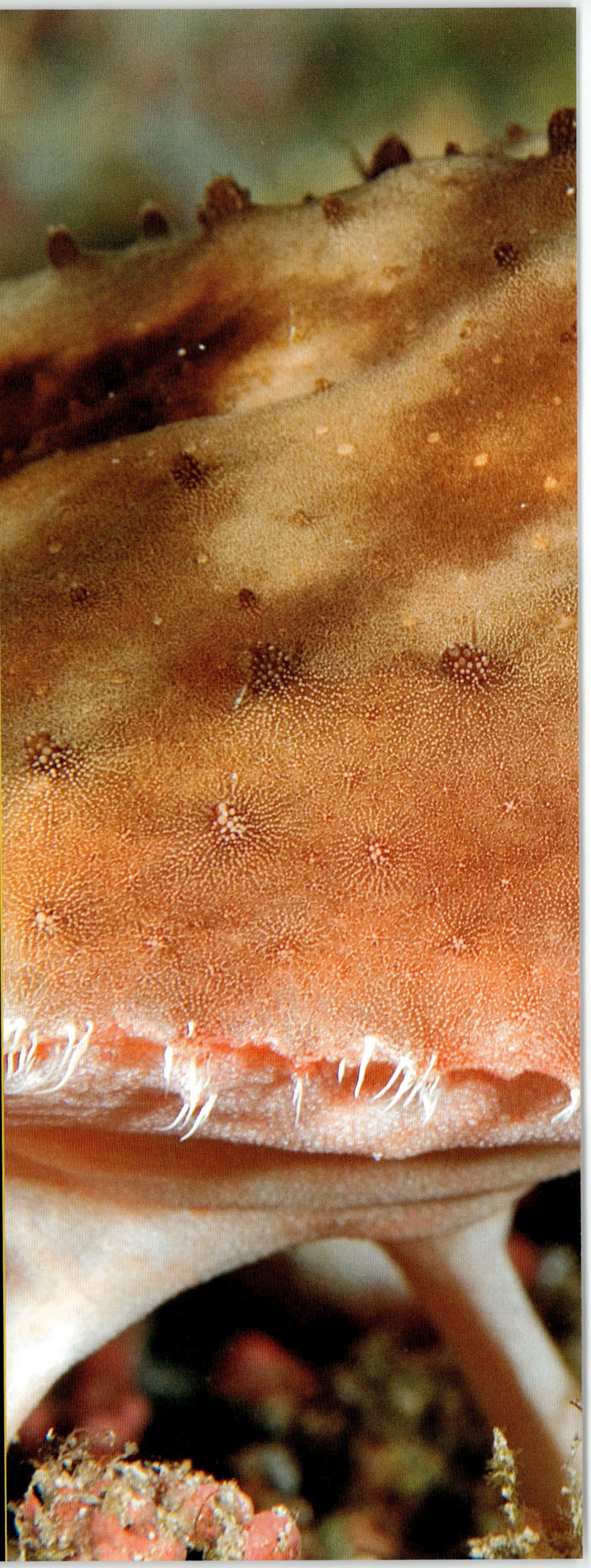

FACCIA DA PAGLIACCIO

Spesse labbra rosse, una barba ispida e un corno sono le strane caratteristiche che questo pesce usa per attirare un partner. Il pesce pipistrello dalle labbra rosse è troppo lento per cacciare, e aspetta che le prede si avvicinino.

ATROCE SUPERSTAR

STELLA MARINA

Le stelle marine sembrano innocue ma in realtà sono sì cacciatrici lente però inesorabili. La loro preda preferita sono i mitili, bivalvi immobili. La stella marina ne apre il guscio e vi inserisce lo stomaco per digerire la vittima ancora viva. Se poi accade di lasciarci una delle sue braccia, non ci sono problemi perché ne ricrescerà una nuova.

Visceri ingordi

La stella marina ha la bocca sotto il corpo. Quando mangia spinge fuori lo stomaco sulla preda e produce sostanze chimiche che iniziano a digerirla, poi ne aspira i succhi.

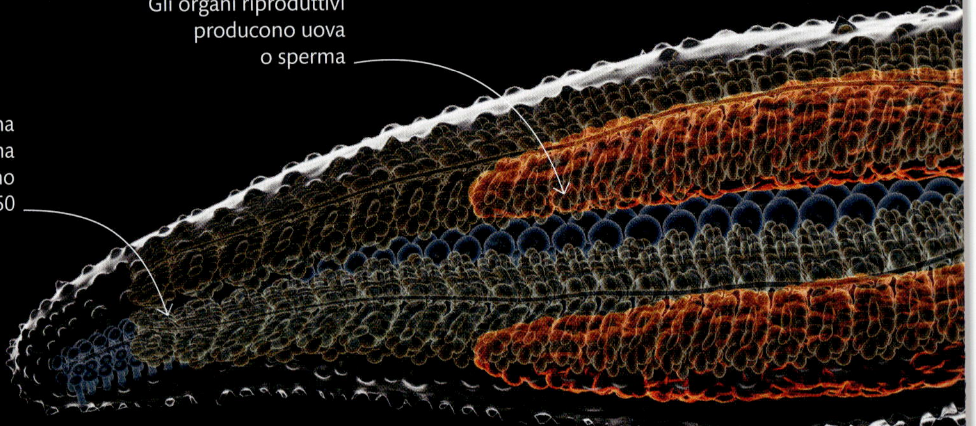

COLPO D'OCCHIO

- **DIAMETRO** 10-52 cm
- **HABITAT** Acque costiere, su ghiaia, scogli o sabbia
- **DISTRIBUZIONE** Coste nordamericane ed europee dell'Atlantico settentrionale e Mare del Nord
- **DIETA** Mitili, denti di cane, lumache, vermi e altri piccoli animali immobili o lenti

FATTI E CIFRE

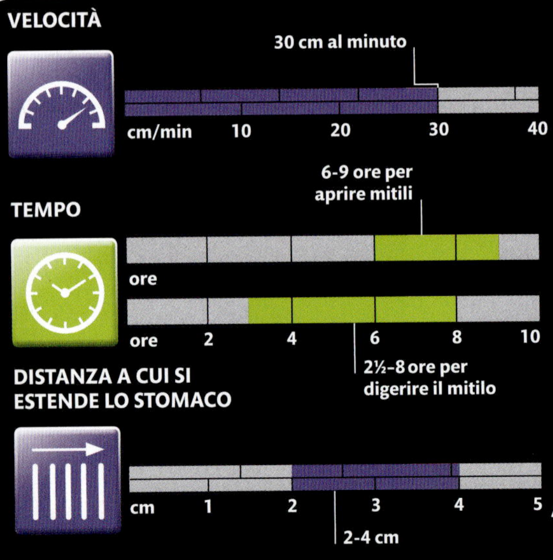

2,5 MILIONI UOVA PER NIDIATA

La stella marina passa ore e ore a cercare di aprire una conchiglia di mitilo, finché la vittima si stanca; allora infila il proprio stomaco in una fessura fra le valve.

RICRESCITA DI UN BRACCIO **1 ANNO**

DENTRO UN BRACCIO

Ogni braccio contiene rami dello stomaco per la digestione e un sistema di canali pieni di acqua di mare. L'acqua porta nutrienti e la sua pressione muove i pedicelli ambulacrali.

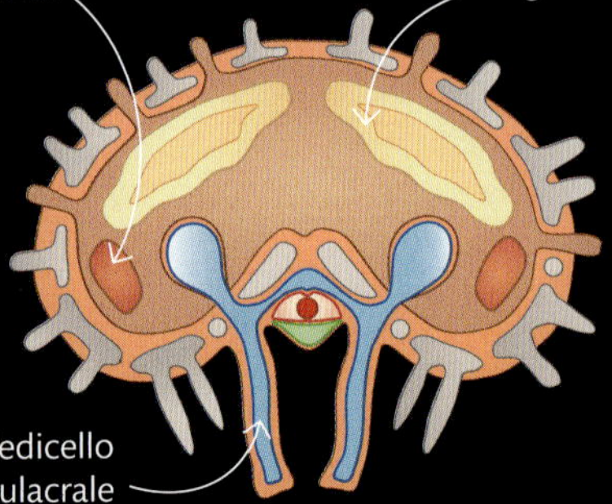

SEZIONE TRASVERSALE DI UN BRACCIO

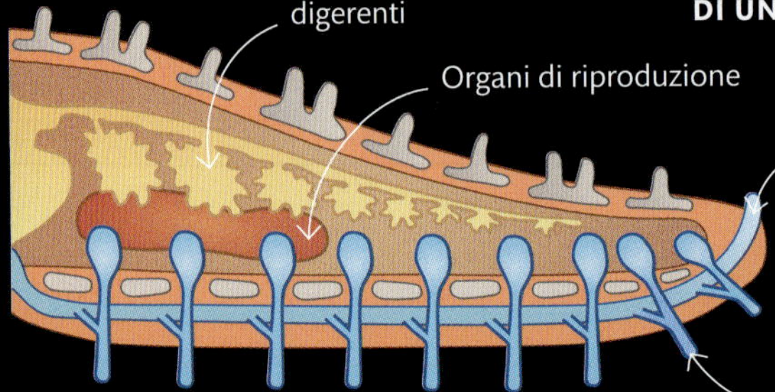

SEZIONE LONGITUDINALE DI UN BRACCIO

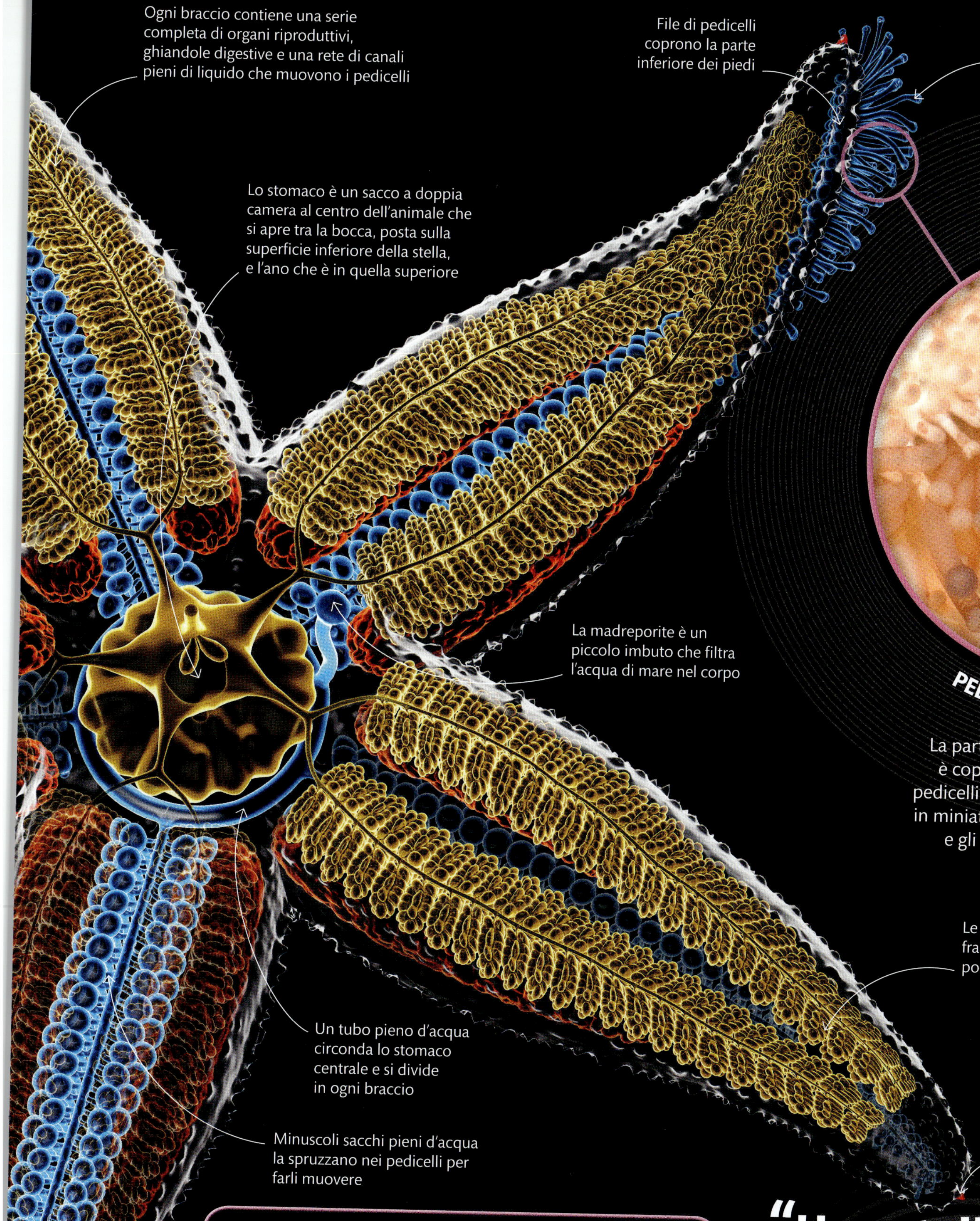

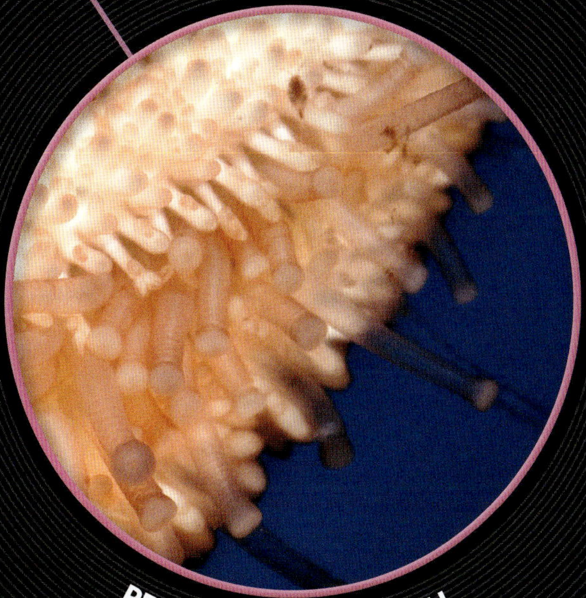

PEDICELLI AMBULACRALI

La parte inferiore di una stella marina è coperta da centinaia di minuscoli pedicelli, che funzionano come aspiratori in miniatura. Fanno camminare l'animale e gli permettono di aprire i mitili.

IL TRUCCO DELLE BRACCIA

Ogni braccio di una stella marina contiene tutti gli organi principali e quindi, se l'animale lo perde, sopravvive ugualmente. La sua capacità di rigenerarlo è comunque talmente buona che dopo un anno è ricresciuto.

"Una stella marina può proiettare lo stomaco attraverso una fessura di 0,1 mm."

INNUMEREVOLI TENTACOLI

MEDUSA CRINIERA DI LEONE

La medusa criniera di leone è un gigante del suo genere: ha più di 1.000 tentacoli urticanti, lunghi fino a 37 m. I suoi pungiglioni lasciano sulla pelle cicatrici simili a frustate e possono provocare un arresto cardiaco. Nuota ondeggiando l'addome e trascinando con sé i terribili tentacoli, come una criniera di leone. Alcune si arenano sulle spiagge: sono indifese ma ancora urticanti.

COLPO D'OCCHIO

- **DIAMETRO** dell'ombrello 0,3-2 m; lunghezza dei tentacoli 37 m
- **HABITAT** Mare aperto
- **DISTRIBUZIONE** Emisfero settentrionale, oceani Atlantico e Pacifico settentrionali e Mare del Nord
- **DIETA** Pesci, nereidi e altri piccoli animali che nuotano

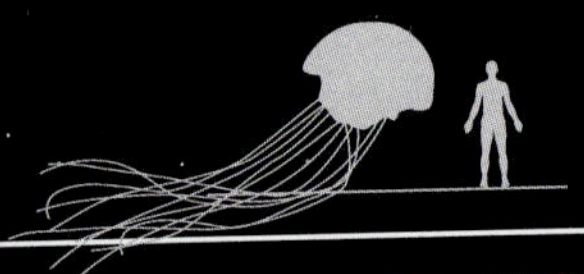

FATTI E CIFRE

LUNGHEZZA DEI TENTACOLI

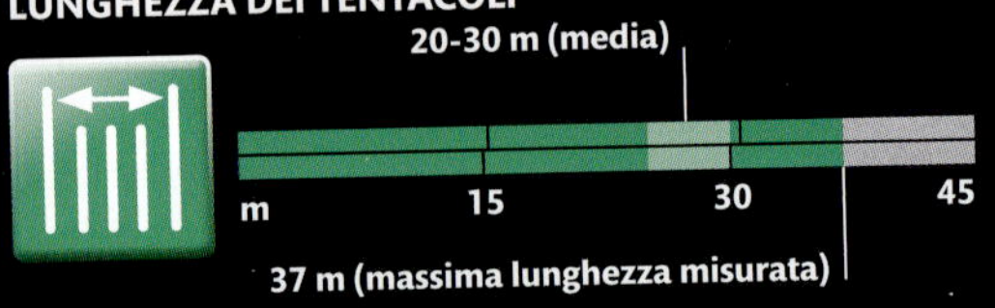

I tentacoli di una medusa criniera di leone sono disposti in 8 gruppi attorno a una bocca centrale che pende sotto l'ombrello.

PESO

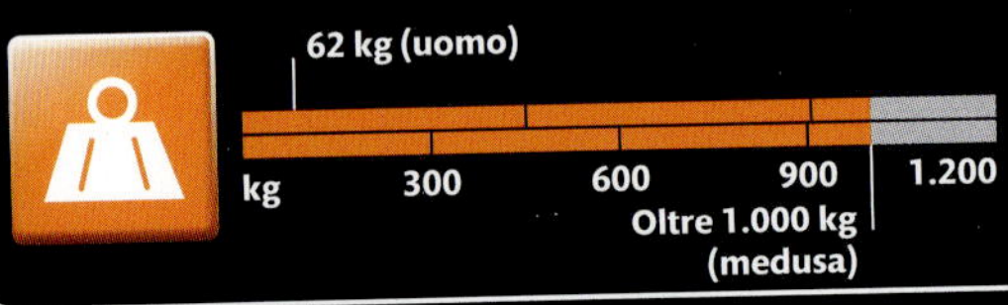

PUNTURA DI GHIACCIO

Le meduse più grandi di questa specie vivono nelle acque gelate dell'Artico, dove nuotano vicino alla superficie. L'ombrello è di vari colori: rosso sangue, arancio o giallo.

LA MEDUSA PIÙ GRANDE

"**Uno sciame** di meduse può contenere **migliaia** di individui."

BOCCA MOSTRUOSA

SQUALO BALENA

L'enorme squalo balena è davvero un gigante gentile. Si nutre di piccoli pesci e altri animali che galleggiano nel plancton. Nonostante abbia una bocca enorme, la gola non supera le dimensioni di un braccio umano. Ciò gli impedisce di ingerire oggetti troppo grossi e garantisce che l'acqua che entra dalla bocca fuoriesca dalle enormi branchie. Tutto ciò che è commestibile passa attraverso un filtro speciale che permette solo al cibo di proseguire nello stomaco.

COLPO D'OCCHIO

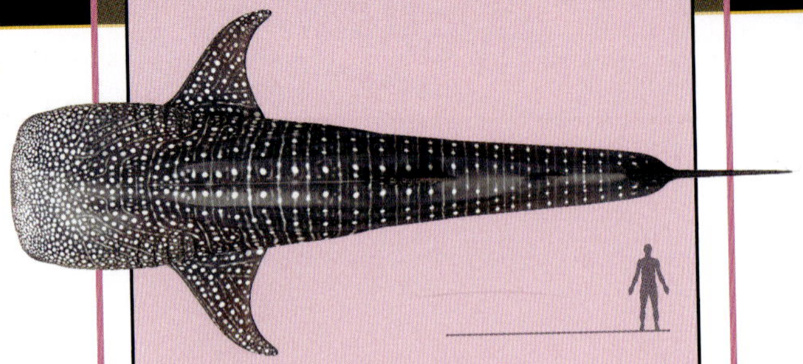

- **LUNGHEZZA** 16-20 m
- **HABITAT** Acque superficiali di mare aperto
- **DISTRIBUZIONE** Mari caldi e tropicali di tutto il mondo
- **DIETA** Plancton (compreso krill, minuscoli animali simili a gamberetti), piccoli pesci e calamari

FATTI E CIFRE

OLTRE 300 DIMENSIONI DELLA NIDIATA

PESO

ton 10 20 30 40 — 34 ton

DISTANZA DI MIGRAZIONE

km 5.000 10.000 15.000 — 13.000 km

DIMENSIONE DEI CUCCIOLI

cm 20 40 60 80 — 40-60 cm

Lo squalo balena trascorre gran parte del tempo nuotando vicino alla superficie, dove si concentra il plancton.

BOCCATE AL MINUTO FINO A 28

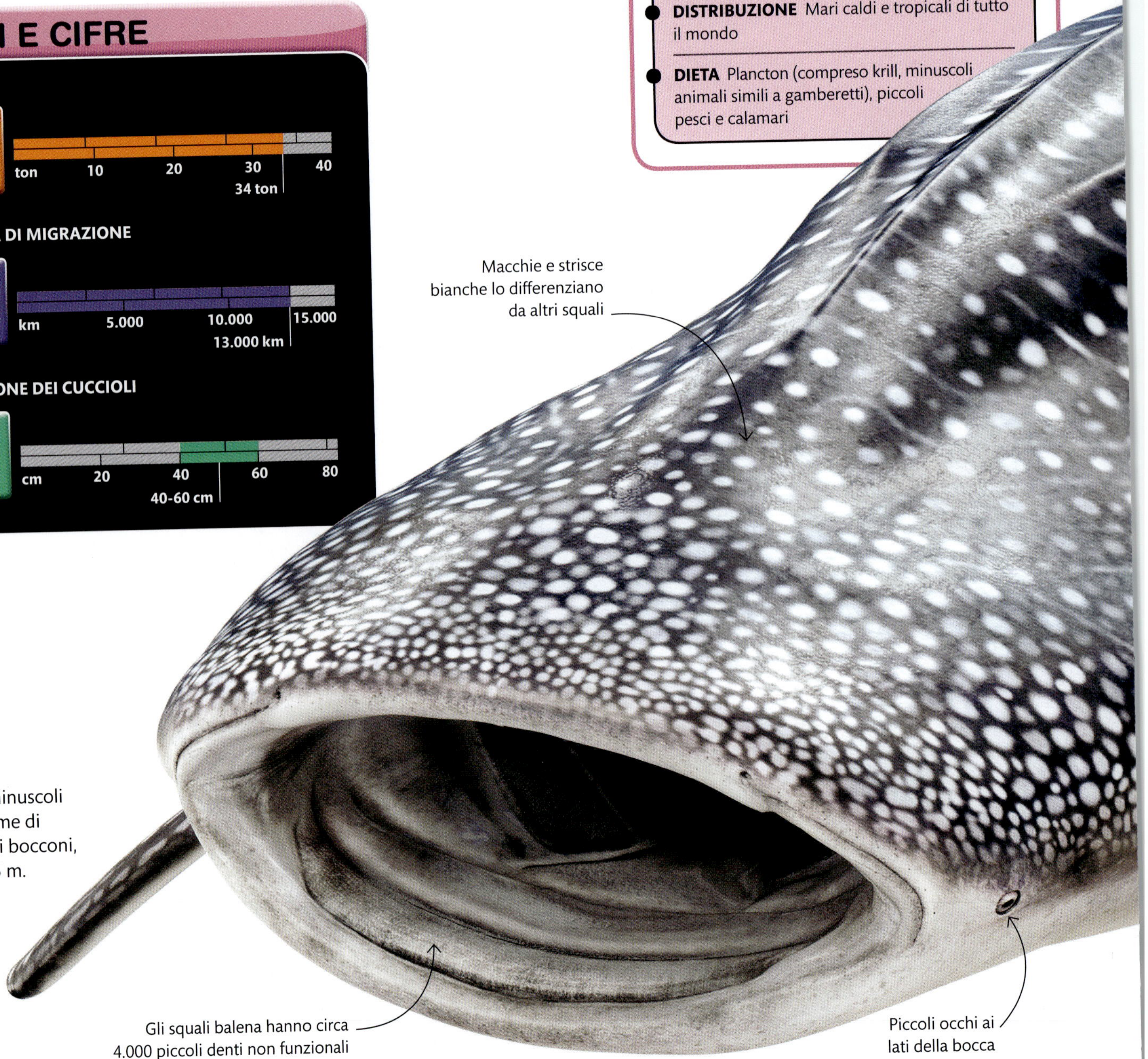

Squalo di taglia robusta

Nel plancton ci sono miliardi di minuscoli organismi ma per soddisfare la fame di questo pesce sono necessari molti bocconi, anche se ha una bocca grande 1,5 m. Lo squalo balena consuma 2-3 tonnellate di plancton al giorno. Per dimensioni è secondo solo alla balena; è sia lo squalo che il pesce più grande.

CENA LIMITATA

Per quanto riesca a filtrare litri e litri di acqua di mare, uno squalo balena non è mai sazio. Una rete piena di pesci è una gran tentazione e lo squalo la succhia con tanto vigore che i pesci più piccoli escono dalle maglie.

IL PESCE PIÙ GRANDE

BRANCHIE GIGANTI

Gli squali di solito hanno 5 fessure branchiali e quelle degli squali balena sono enormi. L'acqua fuoriesce attraverso le fessure dopo che il plancton è stato filtrato; le branchie assorbono ossigeno.

MANGIARE FILTRANDO

Prima di raggiungere le branchie ogni boccata di acqua passa attraverso filtri, che funzionano come un setaccio per il plancton.

ASPIRA-BANCHI

Gran parte degli animali oceanici che si nutrono filtrando l'acqua nuota con la bocca spalancata; lo squalo balena, invece, semplicemente la inghiotte. Ogni volta che apre le mascelle l'acqua entra a gran velocità portando con sé piccoli animali. Gli squali affamati si precipitano sui banchi di pesciolini, divorandoli anche se sono vicini alla superficie.

I DENTI PIÙ LUNGHI RISPETTO ALLA TESTA

ZANNE DI PESCE

PESCE VIPERA

I denti spaventosi del pesce vipera abissale sono così lunghi che sporgono quando la bocca è chiusa. A grandi profondità il cibo scarseggia e i predatori devono escogitare astuzie per procurarselo. Il pesce vipera ha una luce intermittente su un lungo aculeo del dorso, che attira altri pesci. Quando si avvicinano balza loro addosso azzannandoli. Le ossa dietro la testa sono rafforzate per ammortizzare il colpo. A volte ci vogliono giorni per incontrare una preda ma il pesce vipera è paziente e sa stare a digiuno a lungo.

COLPO D'OCCHIO

- **LUNGHEZZA** 20-35 cm
- **HABITAT** Abissi marini
- **DISTRIBUZIONE** Mari tropicali e subtropicali di tutto il mondo
- **DIETA** Qualsiasi animale che gli entra in bocca: gamberi, calamari, granchi e piccoli pesci

FATTI E CIFRE

Il pesce vipera si muove lentamente e passa molto tempo immobile, aspettando che la preda sia così vicina da attaccarla.

PROFONDITÀ DI NUOTO

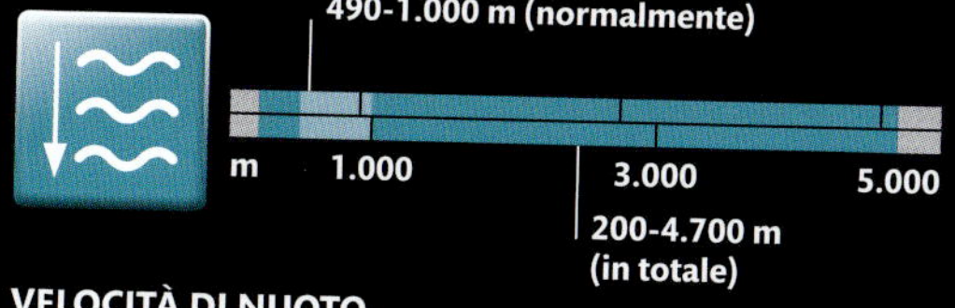

VELOCITÀ DI NUOTO

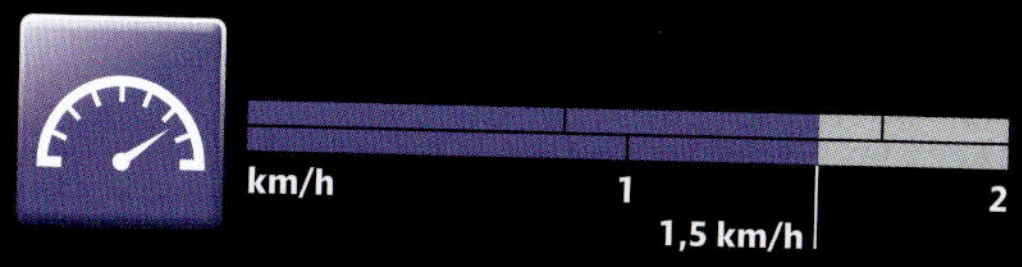

MASCELLE GIGANTI

Il pesce vipera riesce a spalancare la bocca per inghiottire grandi prede, ma ha bisogno di mascelle speciali. Mentre quella inferiore si estende in avanti per afferrare la vittima, la parte superiore del capo ruota all'indietro, formando un angolo di 180°.

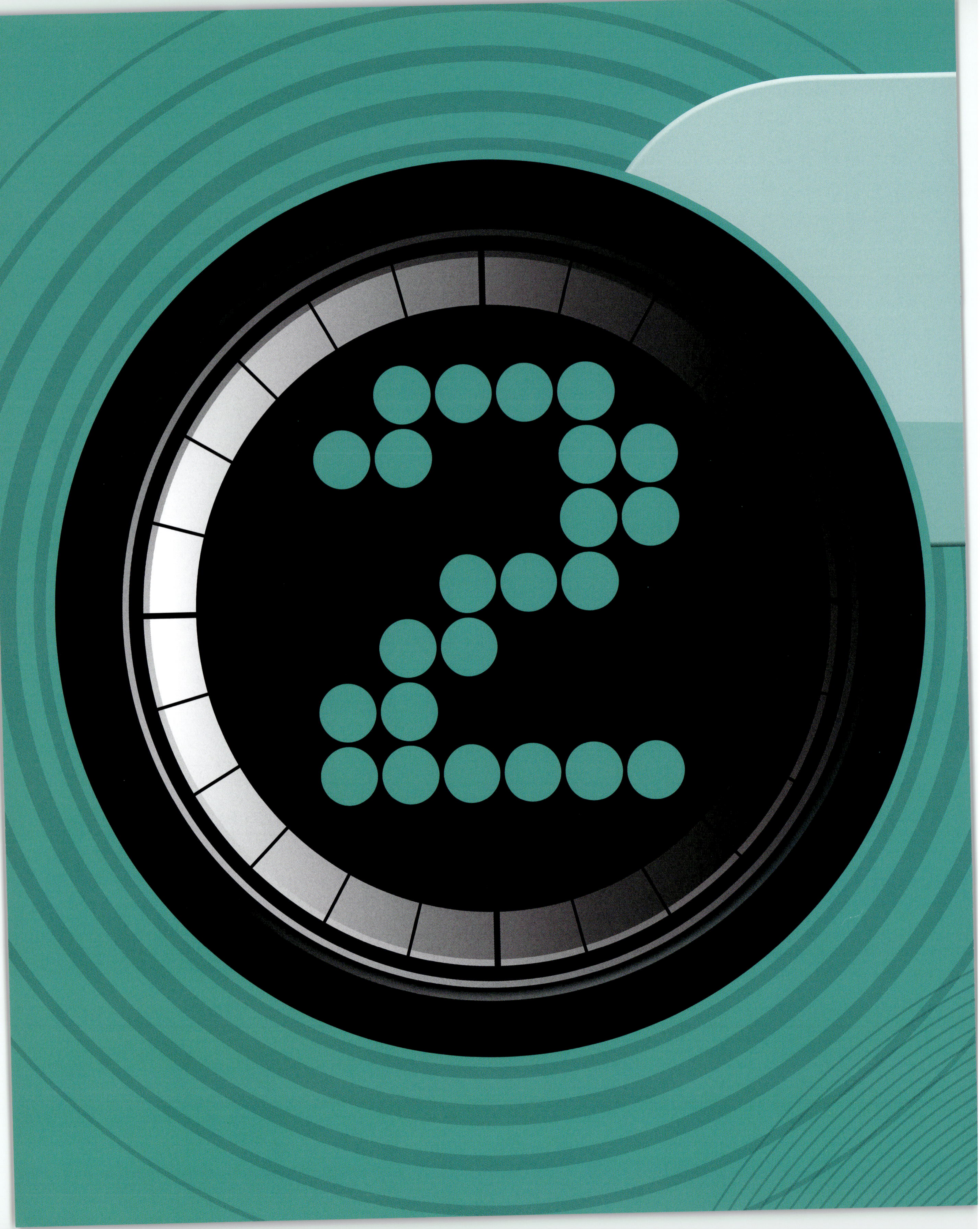
2

ANIMALI ATLETI

Alcuni degli atleti più forti del regno animale vivono nel mare. Solo un ghepardo raggiunge la velocità di un pesce vela nel rincorrere le prede, e poche sfuggono all'enorme risucchio della bocca di uno squalo nutrice. A volte i pesci vogliono solo divertirsi, saltando, facendo capriole e persino volando sulle onde.

ALIANTE MARINO

PESCE VOLANTE

Gli oceani sono pieni di predatori e a volte l'unica cosa che un pesce piccolo può fare per sfuggire al pericolo è saltare fuori dall'acqua. I pesci volanti fanno anche di più: hanno pinne simili ad ali che li trasportano in aria e con l'aiuto del vento planano sulla superficie e atterrano con un tuffo molti metri dopo. Molti hanno 2 "ali", altri anche 4 e percorrono distanze maggiori. Per decollare il pesce si lancia sull'acqua e fa vibrare la coda a velocità sorprendente, poi allarga le "ali" e si libra nell'aria.

COLPO D'OCCHIO

- **LUNGHEZZA** 18-50 cm
- **HABITAT** Acque superficiali di mare aperto
- **DISTRIBUZIONE** In tutto il mondo, soprattutto ai tropici
- **DIETA** Plancton e piccoli pesci

FATTI E CIFRE

VELOCITÀ

km/h 30 60 90

64 km/h quando nuota | 70 km/h in volo

ALTEZZA RAGGIUNTA

m 2 4 6 8

6 m sul livello del mare

45 SEC
VOLO PIÙ LUNGO

BATTUTE MAX DELLA CODA
70 AL SECONDO

SUPERPLANATA

Le lunghe pinne pettorali di un pesce volante si trovano anteriormente, ai lati del corpo, e funzionano come le ali di un aereo. Se non può batterle, vola planando.

"I pesci volanti a volte atterrano sui ponti delle barche."

SQUALO SALTATORE

SQUALO PINNA NERA

Questo squalo vivace preda grossi banchi di pesci. Li carica da sotto a una tale velocità che salta fuori dall'acqua. Si riunisce in gruppi che gareggiano freneticamente fra loro per cacciare; quando attaccano fanno acrobazie, piroettando nell'acqua come cavatappi.

COLPO D'OCCHIO

- **LUNGHEZZA** 1,3-2 m
- **HABITAT** Mari vicini a continenti e isole, golfi, estuari di fiumi e barriere coralline
- **DISTRIBUZIONE** In tutto il mondo in acque calde e tropicali
- **DIETA** Soprattutto pesci, ma anche gamberi, granchi e calamari

FATTI E CIFRE

PROFONDITÀ

m 15 30

10 m (profondità da cui saltano)

ALTEZZA DEL SALTO

m 0,5 1 1,5

0,5-1 m (circa)

VELOCITÀ DEL SALTO

km/h 10 20 30

23 km/h

FINO A 11 CUCCIOLI PER NIDIATA

Alcuni squali balzano fuori dall'acqua quando mancano le prede, altri per liberarsi da parassiti e altri animali attaccati alla pelle.

GIRAVOLTE MAX IN ACQUA 3

MARE DI CIBO

A volte i pesci si riuniscono in banchi per impedire ai predatori di concentrarsi su un unico obiettivo, ma gli squali pinna nera non si fanno confondere. Si tuffano in mezzo al banco ingoiando quel che trovano.

NUOTATORE PIÙ VELOCE

PESCE VELA

Nel mare non c'è nulla di più veloce di un pesce vela. Il corpo, guizzando nell'acqua, manda bagliori blu o gialli che confondono i piccoli banchi di pesci e calamari, che sono le sue prede. Se si eccita solleva perfino la grande pinna dorsale come fosse una vela.

"Il corpo cambia rapidamente colore secondo l'umore."

Fatto per la velocità

Il pesce vela ha un corpo aerodinamico con cui fende facilmente l'acqua. I muscoli, rosso sangue, contengono un pigmento in cui viene immagazzinato l'ossigeno necessario a dargli un'intensa energia. I muscoli generano calore, migliorando ancora più le prestazioni.

BANCHI RAGGRUPPATI

Di solito il pesce vela appiattisce la vela contro il corpo quando caccia, ma talvolta la solleva per spaventare i pesci e dividere il banco; poi li attacca con il becco acuminato.

La parte superiore del corpo bluastra e le strisce verticali si scuriscono quando il pesce attacca la preda

Quando il pesce nuota veloce le lunghe pinne pelviche affusolate stanno in solchi lungo il corpo, rendendolo più aerodinamico

Durante un attacco, la coda trema oltre 10 volte al secondo

I lobi della pinna caudale sono a falce

COLPO D'OCCHIO

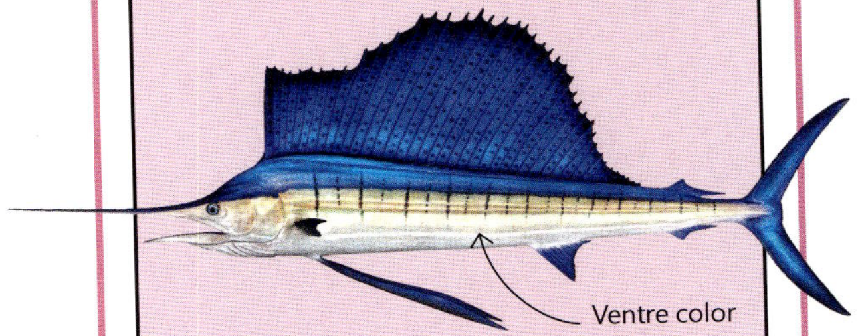

- **LUNGHEZZA** 2,4-3,5 m
- **HABITAT** Acque superficiali calde del mare aperto
- **DISTRIBUZIONE** In tutto il mondo
- **DIETA** Pesci piccoli e calamari

FATTI E CIFRE

VELOCITÀ

110 km/h massima velocità di salto

km/h 40 80 120

1-2,7 km/h velocità di crociera

TEMPO

82% del giorno passato vicino alla superficie

93% della notte passato vicino alla superficie

I pesci vela preferiscono stare vicino alla superficie del mare, dove sono così attivi che talvolta saltano dall'acqua.

DIMENSIONI DEL BANCO

FINO A 30

IL PESCE PIÙ VELOCE

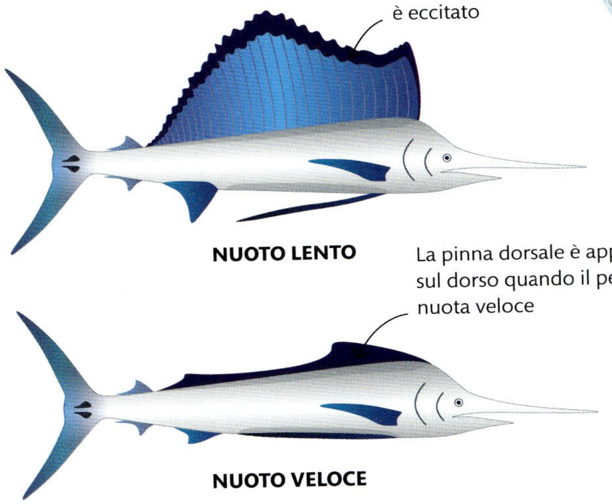

VELA GONFIA

La vela è una pinna dorsale sostenuta da raggi rigidi, sollevati da muscoli sotto controllo del sistema nervoso. Alla massima velocità il pesce nuota con la vela abbassata, altre volte la solleva per denotare aggressione, paura o eccitazione.

PESCE VENTOSA

Questo squalo nutrice trasporta una remora, un pesce più piccolo con la testa a ventosa, con cui si attacca allo squalo. Così non solo risparmia le forze, ma si ciba anche dei suoi avanzi.

"Gli squali nutrice riescono a **risucchiare uno strombo** tirandolo fuori dalla conchiglia."

BOCCA VELOCISSIMA

SQUALO NUTRICE

La bocca di uno squalo nutrice, animale che sembra di gomma, non fa paura: non è un pesce che morde ma succhia. Gonfia talmente la gola e apre la bocca così rapidamente che qualsiasi pesciolino o granchio nelle vicinanze viene aspirato prima di riuscire a fuggire. Il rumoroso verso che fa succhiando sembra quello di un bambino che prende il latte, e forse gli dà il nome. Ha denti piccoli ma appuntiti con cui mastica tutto ciò che arriva a portata di mascelle. Gli squali nutrice pattugliano le coste soprattutto di notte; di giorno, per sicurezza, preferiscono vivere insieme in grotte scure, dove stanno ammassati uno sull'altro.

COLPO D'OCCHIO

- **LUNGHEZZA** 2,25-4,3 m
- **HABITAT** Acque costiere in barriere coralline su distese di sabbia e vicino a mangrovie
- **DISTRIBUZIONE** Coste dell'Atlantico, Caraibi, Pacifico orientale, specialmente vicino all'Equatore
- **DIETA** Invertebrati che vivono sul fondo (lumache, calamari e granchi) e pesci cacciati di notte

FATTI E CIFRE

28 MASSIMO DI PICCOLI PER NIDIATA

AMPIEZZA DELLA BOCCA

cm 10 15 20 25

13-24 cm

TEMPO PER AFFERRARE LA PREDA

sec 1/10 2/10 3/10

1/10-1/5 di secondo

TEMPO PER APRIRE LA BOCCA 1/300 SEC

ASPIRAPOLVERE AFFAMATO

Lo squalo nutrice non è feroce come molti squali che mordono ma è un vero campione di risucchio. Ha una bocca piccola, rivolta in avanti e non verso il basso. Quando scorge qualcosa, china la testa e poi, in un batter d'occhio, abbassa la mandibola e arriccia le forti labbra a formare un tubo: la preda viene immediatamente risucchiata in bocca.

POMPOM VIVENTI

A differenza di molti altri granchi, il granchio boxer non ha delle chele grosse ma sottili, simili a dita, per tenere con grazia i preziosi anemoni. Se ne perde uno, divide delicatamente l'altro in 2 parti e lo sostituisce.

FORZA! DAI!

IL GRANCHIO BOXER

Questo granchio non è più grande di un'unghia di pollice ma non gli manca la grinta. In ogni chela tiene un minuscolo anemone urticante che usa come fosse un pompom o guantoni da boxe. Se un predatore si avvicina troppo il granchio agita gli anemoni e il loro veleno lo fa fuggire. Tenerli ha però un lato negativo: il granchio non può usare le chele per spaccare il cibo. Per nutrirsi quindi rosicchia il plancton attaccato ai tentacoli dell'anemone. Quando 2 granchi boxer si incontrano mettono in mostra i loro anemoni in atteggiamento di sfida ma è raro che combattano veramente.

COLPO D'OCCHIO

- **LARGHEZZA** carapace 1-2,5 cm
- **HABITAT** Barriere coralline
- **DISTRIBUZIONE** Coste tropicali
- **DIETA** Plancton raccolto sugli anemoni

FATTI E CIFRE

MENO DI 1 SEC
TEMPO DI ATTACCO

LUNGHEZZA DELLE CHELE

cm 1 2 3 — 1-2 cm

DIAMETRO DEL POMPOM

cm 0,25 0,5 0,75 — 0,25-0,5 cm

TEMPO MASSIMO DI LOTTA
1 MINUTO

"Alcuni granchi boxer usano gli anemoni per **raccogliere il cibo** dagli scogli."

UNA CODA MOLTO PERICOLOSA

Lo squalo volpe caccia i pesci colpendoli con la lunga coda. Alcuni rimangono uccisi, altri tramortiti dalla frustata.

"La forza del colpo di frusta della coda è tale che l'acqua al di sopra ribolle."

CODA PIÙ LUNGA RISPETTO AL CORPO

COLPI ALLA CIECA

LO SQUALO VOLPE

Nessun altro squalo caccia come lo squalo volpe. Usa la coda, lunga quanto il corpo, come una frusta per tramortire le prede. Il loro territorio di caccia è il mare aperto e, come gli squali bianchi con cui sono imparentati, possono rimanere attivi perché hanno il sangue più caldo dell'acqua. Quando trovano un banco di pesci lo accerchiano per farlo compattare, poi battono la coda così rapidamente da lasciarli storditi, a galla, pronti per essere mangiati.

COLPO D'OCCHIO

- **LUNGHEZZA** 3,8-7,6 m
- **HABITAT** Acque aperte degli oceani, specialmente vicino ai continenti
- **DISTRIBUZIONE** In tutto il mondo
- **DIETA** Banchi di pesci come sgombri, ma anche calamari

FATTI E CIFRE

La coda dello squalo volpe è così lunga che riesce a colpire una preda che gli passa sopra la testa. A volte caccia in coppia o in piccoli gruppi e, come altri tipi di squali, spesso balza fuori dall'acqua.

PESO

kg 200 400 600

76-160 kg (peso della coda)

230-510 kg (peso totale)

LUNGHEZZA DELLA CODA

m 1 2 3 4

2-3,8 m

VELOCITÀ DELLA FRUSTATA

km/h 50 100 150

50-130 km/h

DURATA DELLA VITA

50 ANNI

MERAVIGLIA PIROETTANTE

STENELLA DAL LUNGO ROSTRO

I delfini e le balene sono famosi per le acrobazie. La stenella dal lungo rostro, così chiamata per il lungo becco, è una dei più agili. Balza di colpo fuori dall'acqua come un cavatappi e piroetta nell'aria. Alcune sono così abili da farlo varie volte di seguito.

COLPO D'OCCHIO

- **LUNGHEZZA** 1,3-2,3 m
- **HABITAT** Acque calde, di solito costiere, ma talora in alto mare a centinaia di chilometri dalla terra
- **DISTRIBUZIONE** In tutta la zona tropicale
- **DIETA** Pesci, calamari e gamberi, catturati soprattutto di notte

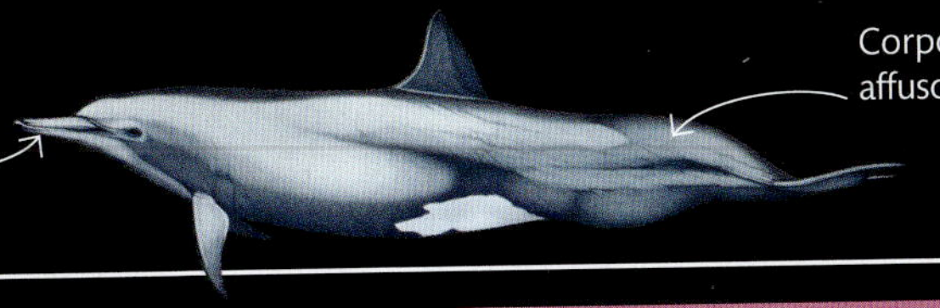

FATTI E CIFRE

1,25 SECONDI
TEMPO TRASCORSO IN ARIA

Si pensa che le giravolte siano utilizzate dalle stenelle per socializzare, o forse per eliminare i denti di cane attaccati al corpo.

7
ROTAZIONI MAX PER SALTO

ALTEZZA DEL SALTO

PROFONDITÀ DI IMMERSIONE

PESO

TROTTOLA DI MARE

Quando le stenelle dal lungo rostro si riuniscono in gruppo si fanno notare! Escono dall'acqua con una giravolta e poi si tuffano di lato.

NATO PER CORRERE

MAKO PINNA CORTA

Ecco il campione di nuoto del mondo degli squali: il mako pinna corta è quello più veloce sulla lunga distanza e capace di acciuffare prede rapide come tonni e pesci spada. A volte quando caccia fa stretti giri nell'acqua. La sua attività frenetica genera molto calore nei muscoli e in tutto il corpo, tanto che lo si può considerare un animale a sangue caldo. Vive in mare aperto ma in inverno migra ai tropici per mantenere un'alta temperatura corporea.

COLPO D'OCCHIO

- **LUNGHEZZA** 3,2-4 m
- **HABITAT** Acque costiere calde e tropicali, perlopiù profonde
- **DISTRIBUZIONE** In tutto il mondo, vicino alle coste
- **DIETA** Soprattutto pesci e calamari, ma a volte tartarughe e delfini

FATTI E CIFRE

VELOCITÀ

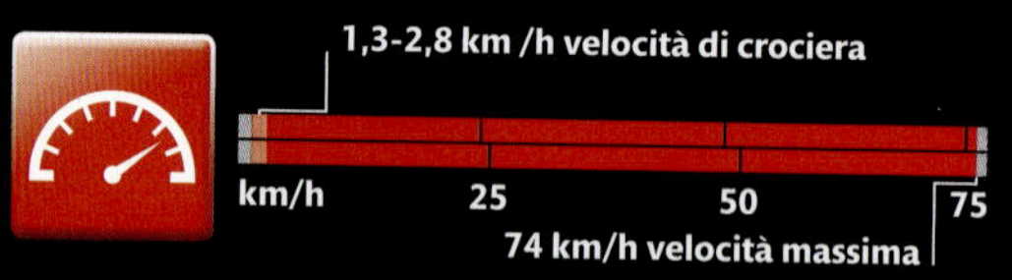

DISTANZA PERCORSA

32 ANNI
DURATA MAX DELLA VITA

TEMPO DI DIGESTIONE
2 GIORNI

NUOTATORE VELOCE

La forma del mako pinna corta è perfetta per la velocità: il muso appuntito e il corpo cilindrico fendono le acque, e la grande coda a mezzaluna gli dà la spinta per rapide accelerazioni.

LO SQUALO PIÙ VELOCE

"Le corna sul capo della razza sono **pinne** che **convogliano** il **cibo** nella bocca."

SPETTACOLO DI SPRUZZI

I salti del diavolo di mare sono uno spettacolo pieno di energia e rumore. I gruppi saltano spesso più volte di seguito e ogni volta si tuffano in acqua con un grosso spruzzo.

FANTASTICO VOLATORE

DIAVOLO DI MARE

Lo spettacolo del volo di banchi di diavoli di mare è una delle più incredibili meraviglie marine. Balzano fuori dall'acqua a centinaia, battendo le "ali" e facendo salti mortali. Le acrobazie servono a farsi notare dal gruppo o a liberarsi dai parassiti. Probabilmente giocano vicino alla superficie con tale rapidità che come conseguenza si alzano per caso dal pelo dell'acqua.

COLPO D'OCCHIO

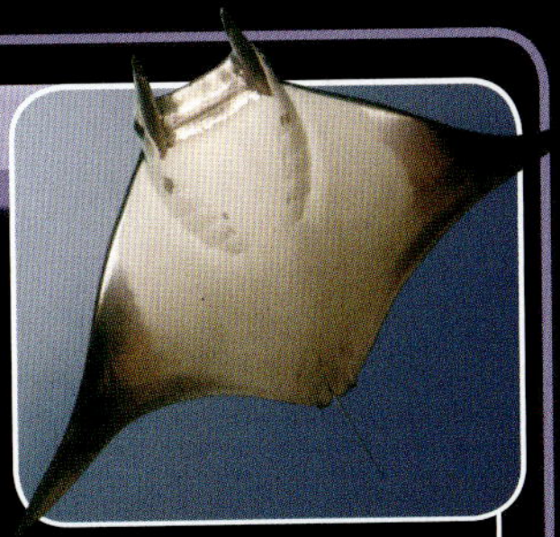

- **LUNGHEZZA** 0,9-6,5 m compresa la coda; 5,2 m larghezza del corpo
- **HABITAT** Acque di mari caldi e tropicali vicino alla costa
- **DISTRIBUZIONE** In tutto il mondo
- **DIETA** Plancton, piccoli crostacei e piccoli pesci filtrati dall'acqua

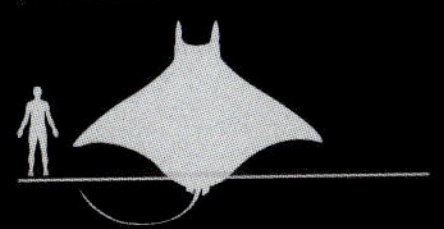

FATTI E CIFRE

FINO A 3 CAPRIOLE IN ARIA

I diavoli di mare sono gli animali più attivi vicino alla superficie del mare, ma si tuffano anche molto in profondità a caccia di plancton.

BANCO PIÙ NUMEROSO OLTRE 10.000

A CACCIA DI BANCHI

SQUALO BRONZO

Un banco gigantesco di piccoli pesci a volte riesce a soddisfare l'appetito degli squali più grossi. Gli squali bronzo, così chiamati per la loro colorazione, non resistono alla migrazione annuale delle sardine che si spostano lungo la costa sudafricana. Sono i primi squali a essere attirati dallo spettacolo e arrivano numerosi per tuffarsi nel banco e godersi il banchetto. Si nutrono anche di balene morte.

COLPO D'OCCHIO

- **LUNGHEZZA** 2,4-2,9 m
- **HABITAT** Acque marine calde e subtropicali, soprattutto vicino alle coste; anche estuari e tratti di fiume poco profondi
- **DISTRIBUZIONE** Coste calde di tutti i mari e del Mar Mediterraneo
- **DIETA** Pesci, pastinache, gattucci, calamari, seppie, polpi

FATTI E CIFRE

ATTIVITÀ

Femmine e giovani più attivi (durante il passo delle sardine in giugno-luglio) — Maschi attivi tutto l'anno

Gennaio — Dicembre

DIETA

Altre prede 35% — Sardine 48% — Seppie 17%

ETÀ DI MATURITÀ

13 anni (maschi)

20 anni (femmine)

Le sardine seguono le correnti di acqua fredda quando migrano al sud nei mesi invernali di giugno e luglio. La migrazione attira molti squali bronzo, fra cui femmine e giovani, che hanno passato del tempo in acque di riproduzione poco profonde.

FESTINO A BASE DI PESCI

Lo squalo bronzo afferra boccate intere di sardine con i denti appuntiti. I pesci sono così tanti che il banco non ne risente anche quando arrivano grandi gruppi di squali.

ATTERRAGGIO RAPIDO

I pinguini papua nuotano così veloci che balzano fuori dall'acqua ancora prima di toccare terra. La velocità non è importante solo per cacciare, ma anche per evitare i predatori, come le foche leopardo.

"Durante le spedizioni di pesca i pinguini papua si allontanano fino a 26 km dalla terraferma."

TUFFI ELEGANTI

PINGUINO PAPUA

Zampe tozze, piedi lunghi e corpo impettito sono degli aspetti dei pinguini che sulla terraferma li rendono comici. Quando hanno fretta, tutto quello che riescono a fare è camminare dondolando o scivolare sul ventre, ma in acqua si trasformano in nuotatori aggraziati e i papua sono i più veloci di tutti. Si tuffano centinaia di volte al giorno lanciandosi da scivolose banchise di ghiaccio e nuotando fra le onde. Sott'acqua i loro corpi aerodinamici e le ali simili a pinne permettono di raggiungere velocità di caccia fino a 36 km/h, maggiori di qualsiasi altro uccello marino.

IL PINGUINO PIÙ VELOCE SOTT'ACQUA

COLPO D'OCCHIO

- **LUNGHEZZA** del corpo 76-81 cm
- **HABITAT** Coste rocciose e mari adiacenti
- **DISTRIBUZIONE** Isole attorno all'Antartide
- **DIETA** Krill, pesci, vermi e calamari

FATTI E CIFRE

FINO A 24 TUFFI ALL'ORA

DURATA DI IMMERSIONE 86 SECONDI

PROFONDITÀ DI IMMERSIONE

meno di 54 m (quando prendono krill)

m 50 100 150 200

54-136 m (quando prendono pesci)

TEMPO TRASCORSO

10 ore (in mare)

14 ore (sulla terraferma)

ore 24

3 ore (in tuffi)

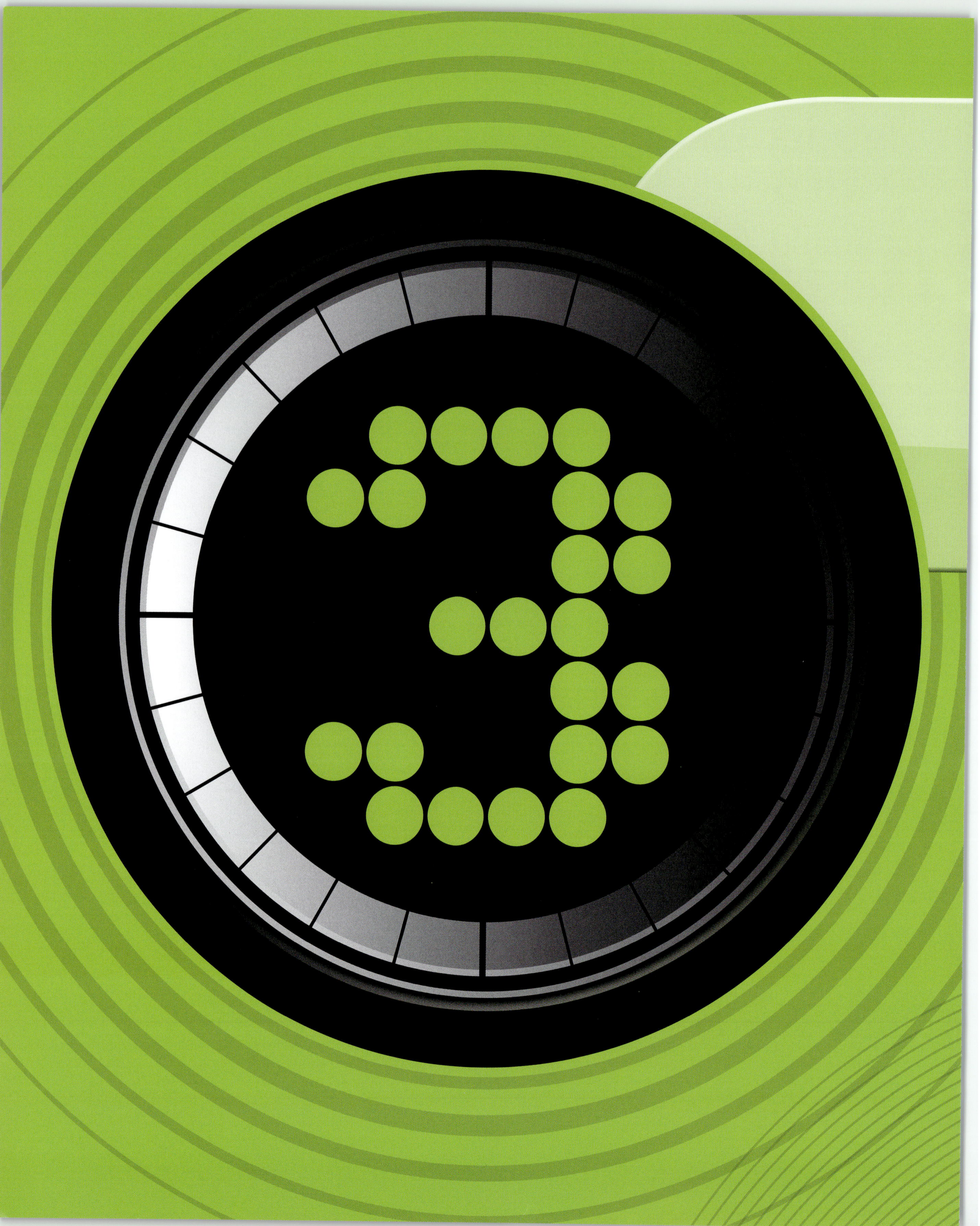
3

STORIE DI VITA ACQUATICA

In mare la vita è difficile. È freddo, buio e non è semplice trovare qualcosa da mangiare o un posto dove nascondersi. Per aumentare le possibilità di sopravvivenza bisogna sviluppare un'abilità speciale o cercare di sfruttare l'ambiente, e proteggersi dai predatori.

VIVAIO PORTATILE

I pesci minatori maschi hanno una bocca più grande delle femmine, e le usano anche per tenere le uova. Bisogna che all'interno vi sia spazio sufficiente perché l'acqua le circondi e le ossigeni.

COVA MASCHILE

PESCE MINATORE

Sembrerebbe un po' stretta, ma cosa c'è di meglio per un cucciolo della bocca di papà per nascondersi dai pericoli? Il pesce tiene in bocca un centinaio di uova della partner e se ne prende cura mentre crescono. Quando si schiudono le espelle nella corrente del mare: il suo compito termina qui. Tornerà poi a usare la grande bocca per spostare sabbia, pietre e pezzi di scoglio con cui rafforzare le pareti della tana, tenerla in ordine e non farla sprofondare.

COLPO D'OCCHIO

- **LUNGHEZZA** 4-50 cm
- **HABITAT** Acque costiere poco profonde, dove si rintanano nella sabbia o nel limo
- **DISTRIBUZIONE** Oceano Atlantico occidentale, Indiano e Pacifico
- **DIETA** Piccoli animali catturati sul fondo o nel plancton

FATTI E CIFRE

I pesci minatori usano la grande bocca per scavare la tana. Alcuni, per maggiore protezione, vi addossano anche una pietra come "porta".

APERTURA BOCCALE

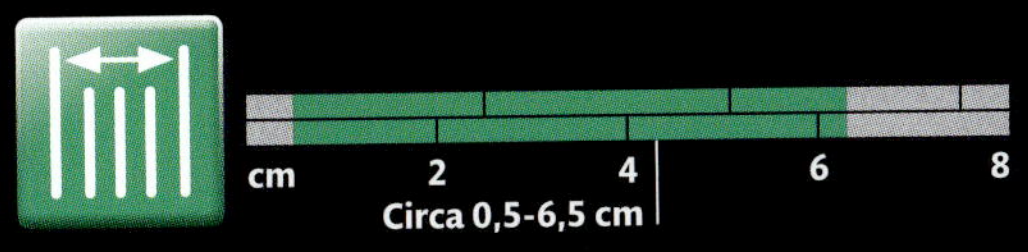

PROFONDITÀ DELLA TANA

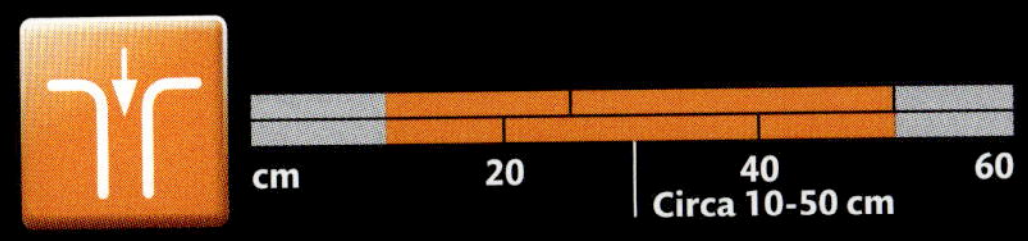

SQUALO MANSUETO

SQUALO VARIEGATO TIMIDO

Essere uno squalo piccolo ha un vantaggio: è più facile raggiungere gustosi vermi e pesci fra gli scogli e coralli lungo i bassi fondali vicino alla costa. Lo svantaggio è che si diventa un bersaglio per predatori più feroci e quindi bisogna studiare una strategia. Gli squali timidi sono all'altezza del loro nome: si nascondono per non essere preda dei leoni marini che si tuffano dalla spiaggia, o degli squali abissali più grossi. Come ultima risorsa si appallottolano dato che per i predatori, seppure affamati, è difficile deglutire un boccone di forma circolare.

TIMIDA CIAMBELLA

Quando uno squalo timido si trova in pericolo si arrotola su se stesso fino a coprire gli occhi con la coda e per un predatore diventa difficile inghiottirlo.

COLPO D'OCCHIO

- **LUNGHEZZA** 50-73 cm
- **HABITAT** Perlopiù acque basse con fondale roccioso o sabbioso o su letti di kelp
- **DISTRIBUZIONE** Africa meridionale
- **DIETA** Piccoli pesci, vermi, gamberi, granchi e calamari

FATTI E CIFRE

PROFONDITÀ DI NUOTO

m 50 100 150

0-130 m

LUNGHEZZA

10-11 cm dimensione dei piccoli alla schiusa

cm 25 50 75

50-73 cm dimensione degli adulti

A differenza di molti altri squali, gli squali timidi non sono vivipari. I piccoli nascono da ovoteche deposte in acque poco profonde.

SCHIUSA DELLE UOVA

14 SETTIMANE

"I **banchi di sardine** più grandi sono così numerosi che si vedono dai **satelliti**."

SUPERBANCO

SARDINA

Ad alcuni tipi di pesci piace stare insieme e le sardine formano enormi banchi quando si riuniscono. Ogni anno miliardi di esse seguono le correnti oceaniche fredde, che salgono dalla costa orientale dell'Africa, in una migrazione spettacolare detta "sardine run", in cui si sposta il maggior peso di animali del mondo. Le sardine sono piccoli pesci della famiglia delle aringhe e la loro sicurezza è basata sul numero. Sembrerebbero facili da afferrare ma quando un predatore si avvicina la scintillante massa argentea dei pesci gli impedisce di concentrarsi su una preda singola.

COLPO D'OCCHIO

- **LUNGHEZZA** 15-30 cm
- **HABITAT** Oceani aperti, specialmente vicino ai continenti con abbondanza di plancton
- **DISTRIBUZIONE** In tutto il mondo
- **DIETA** Piccoli animali planctonici

FATTI E CIFRE

Nessuno sa come si formino gli enormi banchi migranti di sardine; forse dipende dai cambiamenti annuali delle correnti oceaniche.

LUNGHEZZA DI UN BANCO GIGANTE

km 10 20 30 — 15 km

PROFONDITÀ DI UN BANCO GIGANTE

m 20 40 60 — 30 m

SARDINE IN UN BANCO

10 MILIONI

NUOTANDO INSIEME

Un enorme banco di sardine si sposta come un'unica gigantesca creatura marina. I singoli pesci sono più al sicuro in mezzo agli altri e nuotare è meno faticoso quando si segue la stessa corrente.

RETTILE SUGLI SCOGLI

IGUANA MARINA

Di solito le lucertole stanno sulla terraferma ma questa non ha paura dell'acqua. Le iguane marine vivono infatti sui litorali rocciosi delle isole Galapagos, davanti al Sud America, e si nutrono solo di alghe. Alcune rimangono sulla costa, mentre quelle più grosse non disdegnano un tuffo in mare per soddisfare l'appetito.

MERENDA A BASE DI ALGHE

L'iguana marina ha un muso tondo e riesce ad avvicinare i denti appuntiti agli scogli coperti di alghe. Mordicchia quelle verdi ma preferisce quelle rosse, che crescono perlopiù sott'acqua.

FATTI E CIFRE

Le iguane, come tutti i rettili, hanno bisogno di sole per riscaldarsi ed essere attive. In acqua la temperatura corporea di quelle più piccole diminuisce rapidamente e solo quelle più grandi riescono a immergersi a lungo.

TEMPERATURA

11-23 °C (temperatura del mare)

°C 15 30 45

35-39 °C (temperatura corporea in attività)

PROFONDITÀ DI IMMERSIONE

20 m (massimo)

m 5 10 15 20 25

DIETA

95% alghe brucate sulla superficie del mare

5% alghe brucate sotto la superficie

DURATA MAX DI IMMERSIONE

60 MINUTI

La pelle è grigia o nera, con macchie più o meno intense rosa o verdi durante la stagione dell'accoppiamento

La "pinna" irregolare lungo il dorso e la coda servono da timone quando nuota

La lunga coda appiattita lateralmente conferisce propulsione

Bagno di sole

La pelle scura di un'iguana marina assorbe i raggi solari che la riscaldano. Il colore, i motivi e la dimensione variano da isola a isola. Spesso i maschi sono più colorati delle femmine.

COLPO D'OCCHIO

- **LUNGHEZZA** 1-1,7 m
- **HABITAT** Litorali rocciosi
- **DISTRIBUZIONE** Isole Galapagos
- **DIETA** Alghe

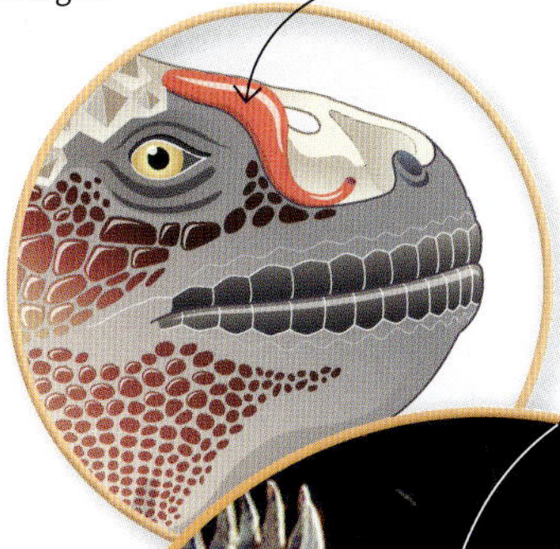

STARNUTI SALATI

Le alghe sono così salate che l'iguana ha bisogno di ghiandole speciali per eliminare dal sangue il sale in eccesso e non farlo accumulare. L'animale soffia anche per liberarsi il naso.

UNA CASA URTICANTE

PESCE PAGLIACCIO

Alcuni animali fanno strane cose per proteggersi dai predatori del reef. La famiglia del pesce pagliaccio, per esempio, si rannicchia fra i tentacoli di un anemone. Il veleno dei tentacoli non dà loro fastidio e non se ne allontanano mai. In realtà, sia l'anemone che il pesce traggono benefici dalla convivenza. Il pesce pagliaccio è protetto dai predatori, che stanno alla larga per paura di essere punti, e l'anemone ricava occasionali bocconcini di cibo caduto ai pesci quando acciuffano del plancton galleggiante.

COLPO D'OCCHIO

- **LUNGHEZZA** 5-13 cm
- **HABITAT** In barriere coralline tropicali, dentro o attorno ad anemoni di mare
- **DISTRIBUZIONE** Acque costiere dell'Oceano Indiano orientale e del Pacifico occidentale
- **DIETA** Plancton e scarti morti

FATTI E CIFRE

SPESSORE DELLA MUCILLAGINE

Fino a 14/1.000 mm (su pesci trovati con anemoni)

Fino a 4/1.000 mm (su pesci non trovati con anemoni)

La pelle del pesce pagliaccio è coperta di mucillagine, che lo protegge dalle punture dell'anemone.

DISTANZA PERCORSA

m 2 4

3 m (massimo dall'anemone)

TEMPO PASSATO COME LARVA

8-12 GIORNI

UNA STRANA FAMIGLIA

La vita domestica del pesce pagliaccio si svolge in un anemone e ha regole molto strane. Quando muore una femmina dominante, il maschio cambia sesso per prenderne il posto.

PREDONE DI FIUME

SQUALO TORO

Quasi tutti gli squali sopravvivono in acqua salata, mentre lo squalo toro vive bene anche in acqua dolce. Questi animali risalgono spesso i fiumi, a volte per migliaia di chilometri, e in alcune parti del mondo nel loro viaggio attraversano anche rapide. Il percorso nell'entroterra li porta talvolta vicino a stazioni balneari, dove si sono avuti episodi di attacchi all'uomo.

COLPO D'OCCHIO

- **LUNGHEZZA** 2,3-3,5 m
- **HABITAT** Acque costiere calde e tropicali e grandi bacini idrografici
- **DISTRIBUZIONE** Vicino alle coste in regioni tropicali
- **DIETA** Pesci, fra cui altri squali, tartarughe, uccelli, delfini e alcuni mammiferi terrestri

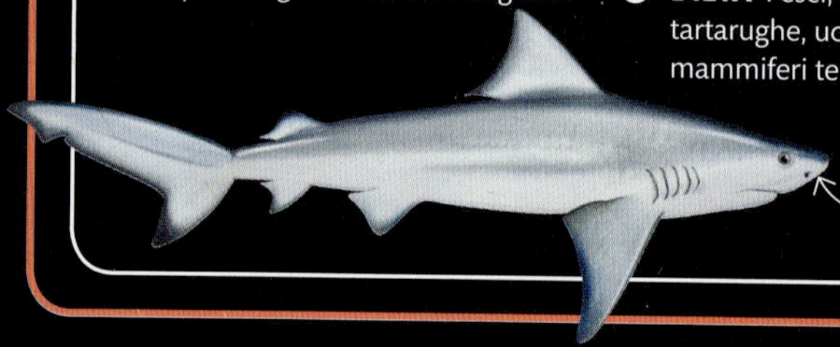

FATTI E CIFRE

TOLLERANZA AL SALE

DISTANZA MASSIMA PERCORSA

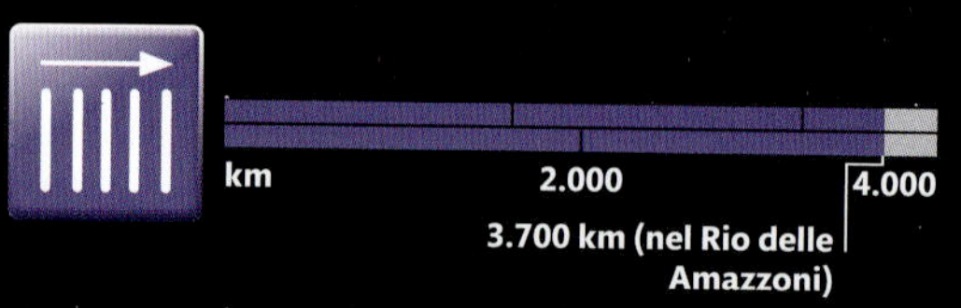

PROFONDITÀ DI IMMERSIONE

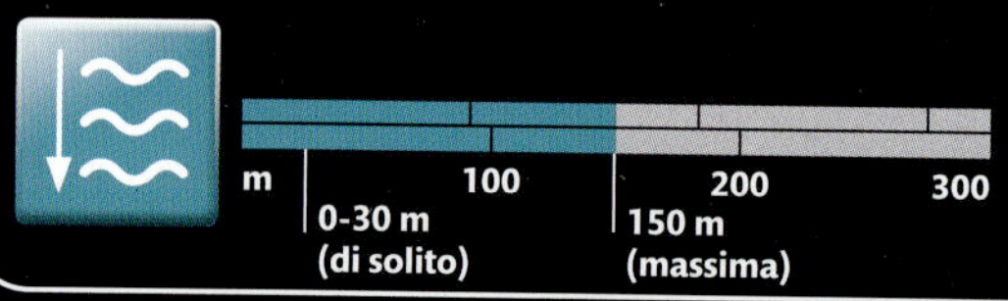

Molti squali entrano negli estuari dei fiumi ma solo i toro lo fanno comunemente. Infatti la salinità marina, o salsedine, cala quando l'acqua dolce sostituisce quella salata e molti squali muoiono senza sale, ma lo squalo toro vive bene sia nei fiumi che nel mare.

TIPO DA SPIAGGIA

La zona vicina alle spiagge è ricca di prede e ancora di più gli estuari e i fiumi. Gli squali toro cacciano ovunque e quelli grossi attaccano anche animali che si avventurano in acqua.

A CACCIA DI GUAI

Gli squali toro si trovano a proprio agio nelle acque torbide degli estuari di fiumi. Nonostante le maree, le onde e il tempo brutto che sollevano il fango dal fondo, riescono a individuare le prede attraverso l'acqua opaca. Sono attirati dal movimento che si crea, anche di barche dei pescatori e persino da questi sulle rive. Si avventurano in acque basse sperando di agguantare qualunque cosa si muova.

"Prima di **morderla**, lo squalo toro **dà testate** alla preda per disorientarla."

VALLETTO SOTTOMARINO

LABRO PULITORE

A volte è difficile che un pesce rimanga pulito e sano in un'affollata barriera corallina piena di parassiti che gli si attaccano per nutrirsi della sua pelle e del suo sangue. La soluzione naturale al problema è il labro pulitore. Occupa una postazione che tutti i pesci conoscono, e quando uno di essi gli fa visita il pesce pulitore saluta il "cliente" con una piccola danza, poi lo pulisce accuratamente mordicchiandogli i parassiti.

PULIZIA DELLE BRANCHIE

Il minuscolo pesce pulitore si nutre di parassiti. I suoi clienti stanno immobili mentre lui lavora su tutto il corpo, e persino dentro le branchie, per un trattamento completo di pulizia.

COLPO D'OCCHIO

- **LUNGHEZZA** 14-22 cm
- **HABITAT** Barriere coralline e lagune, vicino a "postazioni di pulizia"
- **DISTRIBUZIONE** Mar Rosso e vicino alle coste dell'Oceano Indiano e Pacifico occidentale
- **DIETA** Parassiti e mucillagine sul corpo di altri pesci

FATTI E CIFRE

4 ANNI
DURATA MASSIMA DELLA VITA

NUMERO DI PARASSITI MANGIATI AL GIORNO

500 1.000 1.500
1.100-1.340

CLIENTI ALLA POSTAZIONE DI PULIZIA

20 30 40 50
20-50 specie di pesci al giorno

CLIENTI AL GIORNO
100

INQUILINO DELLE POZZE

LO SQUALO BAMBÙ BANDE MARRONI

Il vantaggio di essere uno squalo piccolo, come lo squalo bambù bande marroni, è di riuscire a vivere in basse pozze attorno alle coste tropicali, dove il cibo è abbondante e facile da catturare. Quando cala la marea e gli altri pesci devono fuggire in acque più profonde, lo squalo bambù si rifugia in un angolo umido e aspetta che la marea risalga.

COLPO D'OCCHIO

- **LUNGHEZZA** 0,9-1,2 m
- **HABITAT** Barriere coralline e pozze di marea
- **DISTRIBUZIONE** Coste Oceano Indiano settentrionale e del Pacifico occidentale, comprese India, Filippine, Giappone e Australia
- **DIETA** Piccoli pesci di fondale, vermi e granchi

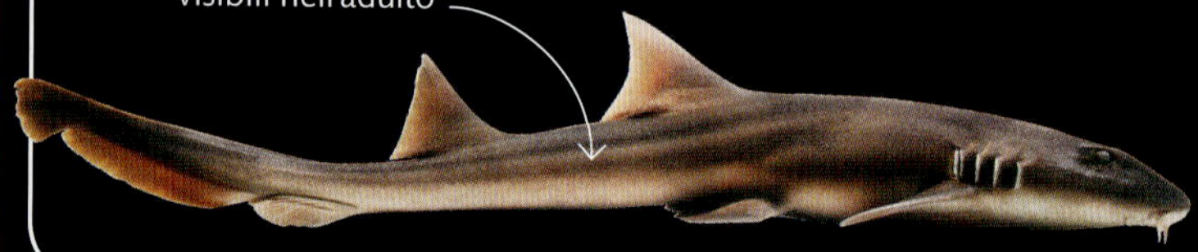

FATTI E CIFRE

VELOCITÀ DI MARCIA

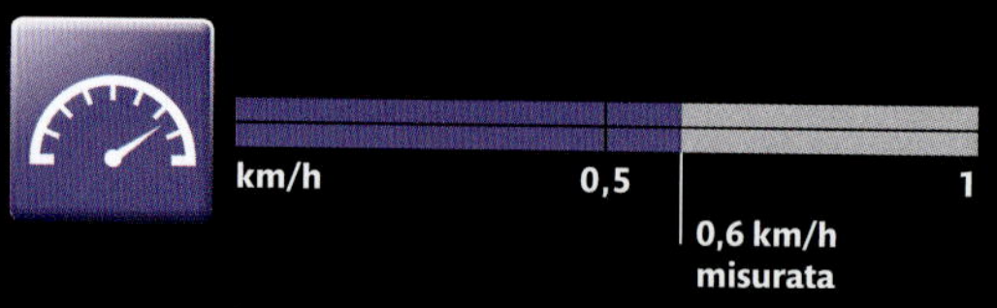

Gli squali bambù usano le forti pinne pettorali per "camminare" sugli scogli di pozze poco profonde e talvolta emergono dall'acqua.

PROFONDITÀ

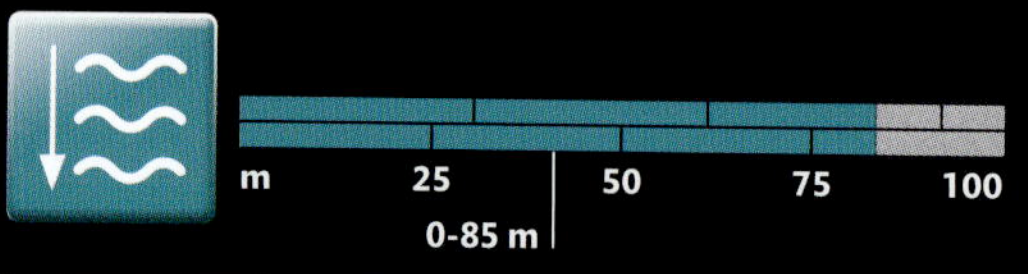

NEONATO A STRISCE

Gran parte degli squali non ha macchie definite, mentre i giovani squali bambù presentano marcate bande scure sul corpo. Le bande scompaiono quando diventano adulti e rimane un unico colore.

SCIAME MERAVIGLIOSO

IL KRILL ANTARTICO

Provate a immaginare una folla di animali migliaia di volte più numerosa degli abitanti della Terra. Il krill è una creatura simile a un gamberetto, nuota in mare aperto e si raduna in enormi sciami, i più grandi del pianeta. Ogni individuo afferra minuscoli bocconi di cibo con le zampe piumose. I fitti sciami di krill a loro volta costituiscono il cibo di molti animali più grossi, fra cui pesci, balene, foche e pinguini.

COLPO D'OCCHIO

- **LUNGHEZZA** Fino a 6,5 cm
- **HABITAT** Mare aperto freddo
- **DISTRIBUZIONE** Oceani meridionali; più abbondante nel continente e nelle isole antartiche
- **DIETA** Plancton vegetale, come alghe microscopiche

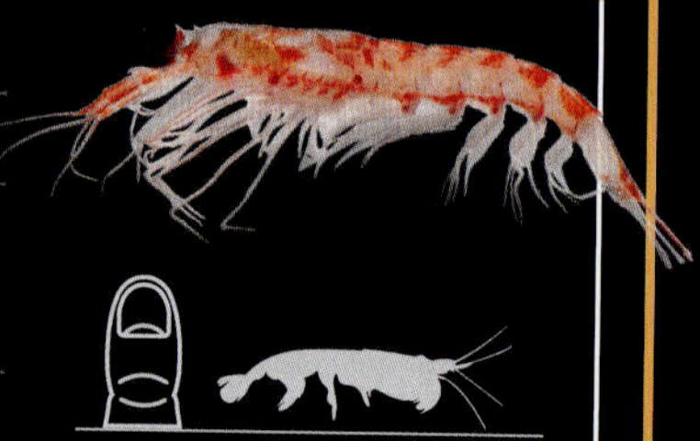

FATTI E CIFRE

Gli sciami più grandi e fitti di krill sono formati da individui più giovani, che galleggiano meglio. Il krill adulto ha bisogno di più spazio e vive in sciami sparpagliati 10 volte più piccoli.

"Il krill manda **bagliori** come piccoli **fasci di luce** per confondere i predatori."

SCIAME AL PASCOLO

Ogni giorno miliardi di creature del krill risalgono dagli abissi per nutrirsi delle alghe che crescono sotto la banchisa. Gli enormi sciami richiamano pesci e uccelli, in attesa vicino alla superficie.

"Per la sua grande **testa arrotondata** lo squalo bocca grande è stato **confuso con un'orca**."

GIGANTE MISTERIOSO

LO SQUALO BOCCA GRANDE

Il mare è abbastanza grande da nascondere a lungo i propri segreti, anche se sono grossi come uno squalo bocca grande. Questo gigante degli abissi è stato scoperto solo nel 1976, quando ne fu catturato uno alle Hawaii, e da allora se ne sono visti pochi. Si nutre di krill, ingoiando acqua di mare e filtrando le minuscole prede con le branchie.

COLPO D'OCCHIO

- **LUNGHEZZA** 4-5,5 m
- **HABITAT** Soprattutto mare aperto in zone calde, ma anche vicino alle spiagge
- **DISTRIBUZIONE** Diffuso in tutti i tropici e subtropici; individuato in California, Brasile, Africa, Giappone, Sudest asiatico, Australia e Hawaii.
- **DIETA** Soprattutto krill e gamberetti, ma anche meduse

FATTI E CIFRE

Lo squalo bocca grande ha un muso corto e, rispetto agli squali a muso lungo, pochi pori sensoriali per rilevare le prede, ma è egualmente efficiente. Con questi di giorno individua il krill in superficie, seguendolo di notte in acque più profonde.

GHIOTTONE SCONOSCIUTO

Sebbene nessuno abbia mai visto uno squalo bocca grande mentre mangia, si pensa che sporga le enormi mascelle per succhiare. Insieme all'acqua aspira minuscoli animali, come krill, intrappolati dai rastrelli branchiali simili a setole.

IMBROGLIONE AL CONTRARIO

IL CETRIOLO DI MARE

Un animale che ha la forma di una saporita salsiccia attira sicuramente i predatori, ma il cetriolo di mare non è poi così gustoso. Questo echinoderma lento, dal corpo flaccido, vive sul fondo e sembra all'apparenza innocuo. Alcuni tipi hanno colori vivaci per mettere in guardia dai veleni che contengono. Se non basta, passano alle misure drastiche e spruzzano i loro visceri appiccicosi, riuscendo ad allontanare anche il predatore più affamato.

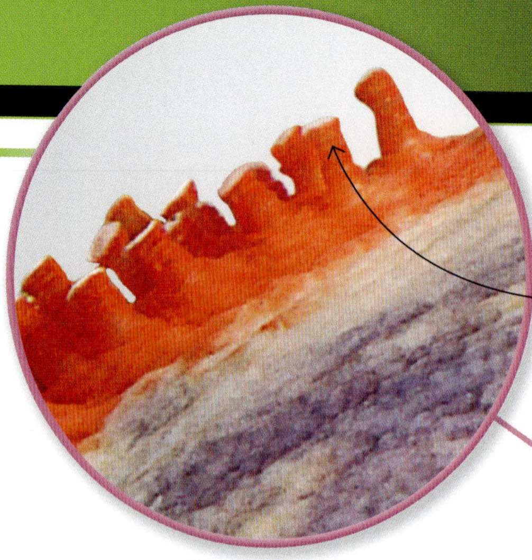

La pressione dell'acqua gonfia i pedicelli

PEDICELLI

Il cetriolo di mare ha pedicelli con ventose che, per la pressione dell'acqua che contengono, si estendono fino a farle aderire a una superficie. Quando la pressione scende, il piede si solleva. I pedicelli insieme fanno avanzare l'animale.

COLPO D'OCCHIO

- **LUNGHEZZA** 0,1-3,3 m
- **HABITAT** Sul fondo del mare, dagli abissi alle coste basse
- **DISTRIBUZIONE** In tutto il mondo
- **DIETA** Plancton e materiale in decomposizione

"Gli organi dei cetrioli di mare ricrescono in 2 settimane."

5 file di pedicelli lungo il corpo per spostarsi lentamente

Macchie arancio brillante e rosse sono segnali di pericolo

FATTI E CIFRE

POPOLAZIONE PIÙ NUMEROSA

1.000 per m³ (scala: 0 – 500 – 1.000 – 1.500)

Alcune specie di cetrioli di mare abissali sono molto numerose e rappresentano gli animali più comuni nel raggio di chilometri.

PROFONDITÀ

10.190 m (massima) (scala: m – 5.000 – 10.000 – 15.000)

DURATA MASSIMA DELLA VITA

10 ANNI

Gli apici con setole dei tentacoli alimentari si agitano per afferrare particelle di cibo nell'acqua circostante

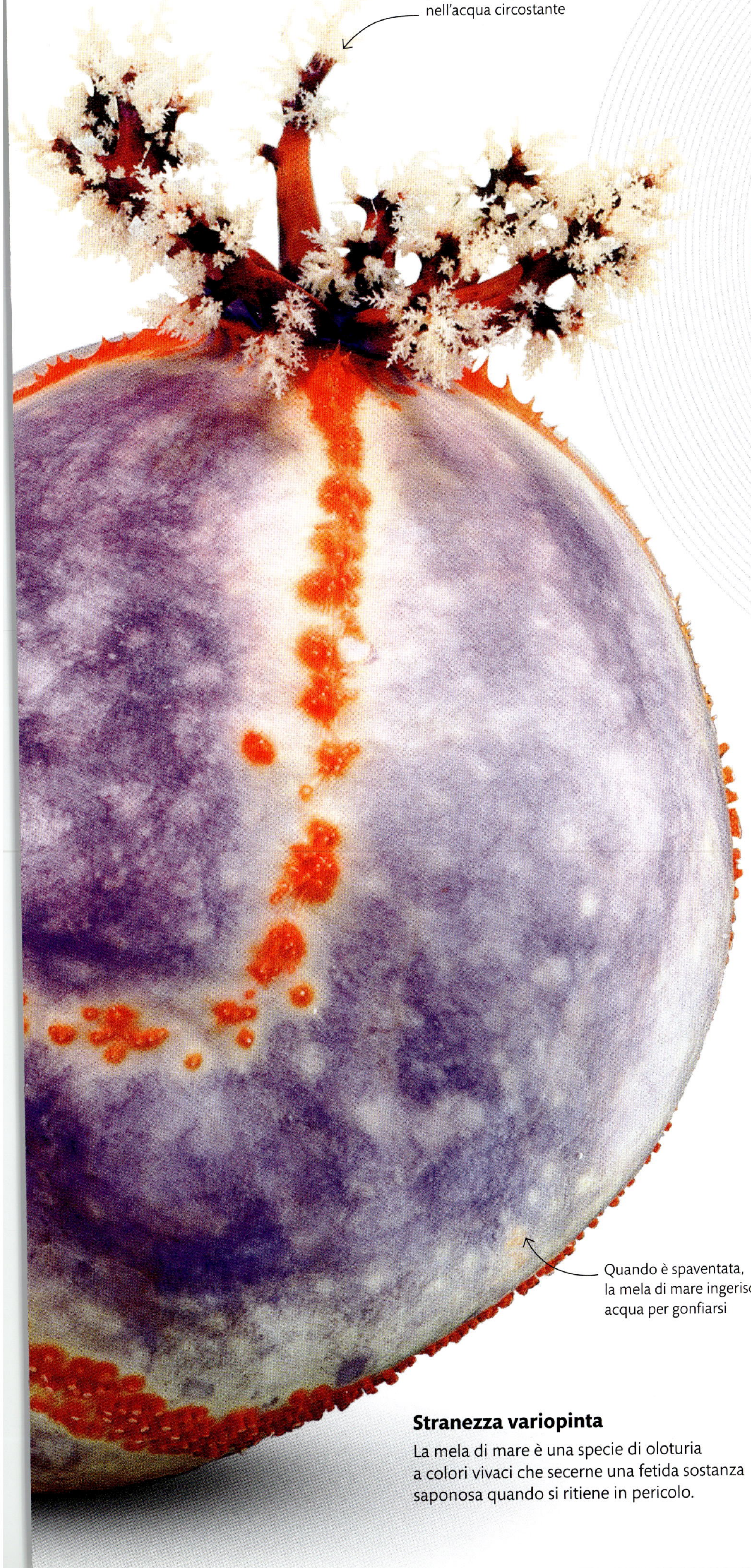

Quando è spaventata, la mela di mare ingerisce acqua per gonfiarsi

ESTENSIONE DEI TENTACOLI

I tentacoli setolosi attorno alla bocca di un cetriolo di mare sono pedicelli molto lunghi (a sinistra). Sono usati come dita appiccicose per intrappolare particelle di cibo galleggianti e nutrirsene.

OLOTURIA SPUTAVISCERI

È difficile capire quando un cetriolo di mare è in allarme finché non mette in azione il suo trucco ributtante. È la sua arma segreta per difendersi; i visceri, compressi dai muscoli della parete corporea, sono sparati fuori dal fondo. A volte sono mescolati a particolari filamenti viscosi (come qui), che si appiccicano al muso del pesce predatore che si avvicina troppo. La cosa straordinaria è che poi il cetriolo è in grado di riformare gli organi fuoriusciti.

Stranezza variopinta

La mela di mare è una specie di oloturia a colori vivaci che secerne una fetida sostanza saponosa quando si ritiene in pericolo.

ASSASSINO DI GRANCHI

IL PALOMBO STELLATO

Se per tutta la vita si masticano solo granchi è più importante avere mascelle forti che denti taglienti. Il palombo stellato, così chiamato per le piccole macchie bianche a forma di stella che ha sul corpo, non si nutre di nient'altro e ha perduto la capacità di mordere. La sua bocca contiene file di minuscoli denti sovrapposti che funzionano come una superficie triturante, perfetti per tenere ben saldo il carapace di un granchio. Sono poi i potenti muscoli mascellari a masticarne la carne.

COLPO D'OCCHIO

- **LUNGHEZZA** 1,4-1,5 m
- **HABITAT** Acque costiere con fondali sabbiosi e ghiaiosi
- **DISTRIBUZIONE** Oceano Atlantico nordorientale, Mare del Nord e Mediterraneo
- **DIETA** Soprattutto granchi, paguri e aragoste

FATTI E CIFRE

PROFONDITÀ MASSIMA

m 100 200 300 400
350 m

Il palombo stellato nuota vicino al fondo, dove c'è più probabilità di trovare le sue prede preferite: granchi e aragoste.

ALIMENTAZIONE

56% granchi che nuotano
34% altri crostacei
2% pesci
7% paguri
1% oloturie

"Gruppi di palombi stellati si procurano il cibo come branchi di cani randagi!"

Squalo a stelle

In alcuni palombi stellati le stelline che punteggiano il dorso sono ben definite mentre in altri indistinte o assenti.

Seconda pinna dorsale, leggermente più piccola della prima

Lunga coda con incisione

La bocca ampia e rotonda contiene file di piccoli denti trituranti

CACCIATORE LONGEVO

LO SPINAROLO

Lo spinarolo è uno degli squali più piccoli e compensa le dimensioni con un'incredibile ferocia. Caccia in branco e non esita ad attaccare grosse prede; ha mascelle e denti che tagliano la carne come forbici. Sebbene sia un predatore attivo, ha ritmi di vita lenti e vive più a lungo di molti altri squali.

"Spesso lo spinarolo morde le reti per mangiare i pesci che vi sono intrappolati."

Puntura di pinna

Lo spinarolo deve il nome alle corte spine che ha davanti alle pinne dorsali. Sono leggermente velenose, ma per colpire gli aggressori lo squalo deve curvare il dorso.

COLPO D'OCCHIO

Il corpo è più chiaro sul ventre che sul dorso

- **LUNGHEZZA** 0,7-1,6 m
- **HABITAT** Acque profonde vicino alla costa
- **DISTRIBUZIONE** Nord Atlantico, Nord Pacifico e vicino alle coste meridionali del Sud America, Sud Africa, Australia e Nuova Zelanda
- **DIETA** Pesci, calamari, polpi, granchi e meduse

FATTI E CIFRE

ETÀ PER DIVENTARE ADULTO

6 anni (maschi)

12 anni (femmine)

LUNGHEZZA

69-160 cm (dimensione piena)

cm 40 80 120 160

20-30 cm (alla nascita)

75 ANNI — ETÀ MASSIMA MISURATA

GESTAZIONE MASSIMA — 22 MESI

PAPÀ AFFETTUOSO

L'IPPOCAMPO

La vita familiare del cavalluccio marino è strana poiché è il padre a partorire i piccoli. La femmina produce le uova e dopo un lungo periodo di corteggiamento, durante il quale la coppia danza insieme nell'acqua, le depone in una tasca sul ventre del maschio. Le uova fertilizzate rimangono immerse nel rivestimento spugnoso protettivo della tasca finché, dopo qualche settimana, si schiudono. A quel punto il maschio libera i piccoli in mare aperto.

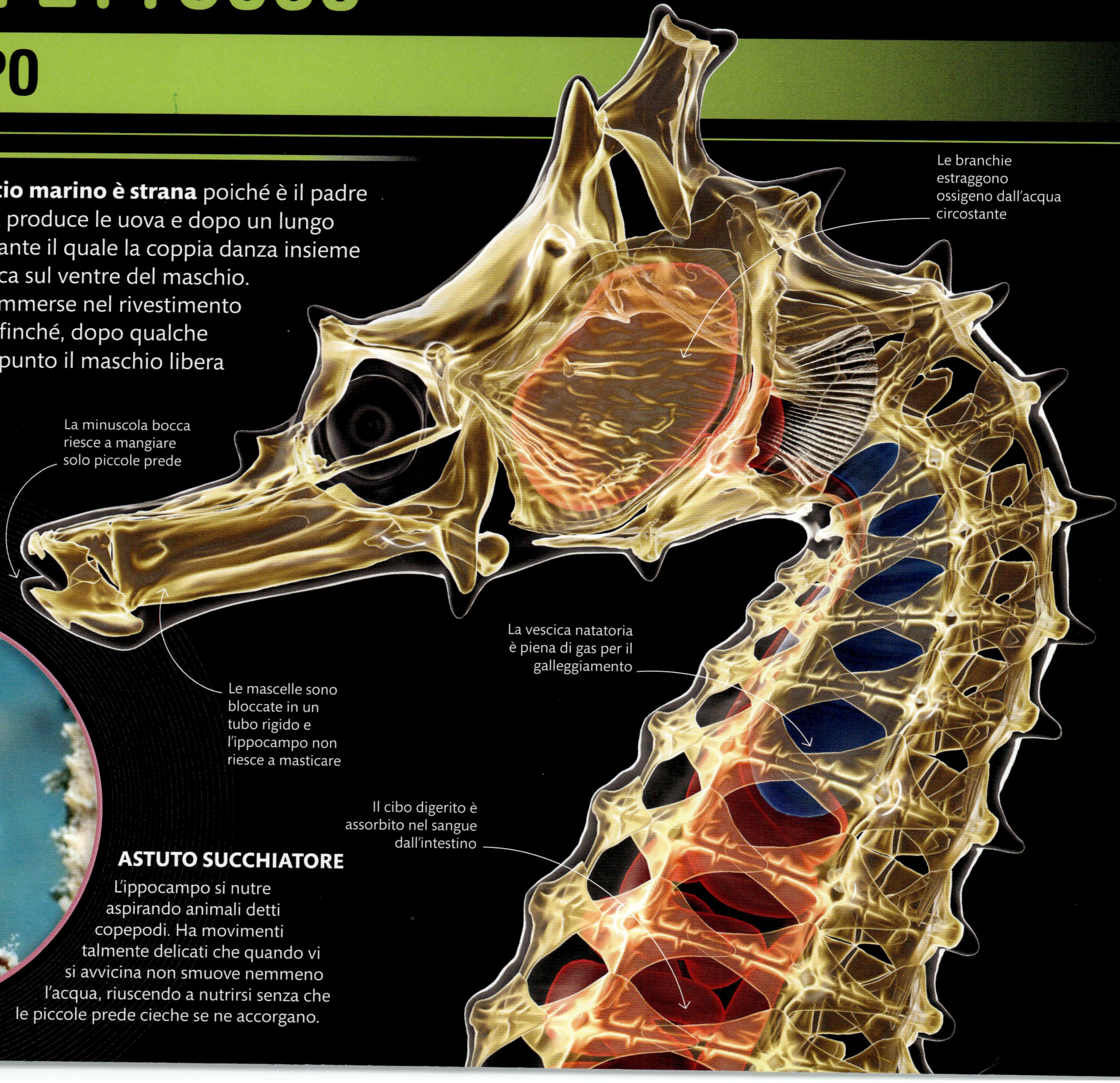

ASTUTO SUCCHIATORE

L'ippocampo si nutre aspirando animali detti copepodi. Ha movimenti talmente delicati che quando vi si avvicina non smuove nemmeno l'acqua, riuscendo a nutrirsi senza che le piccole prede cieche se ne accorgano.

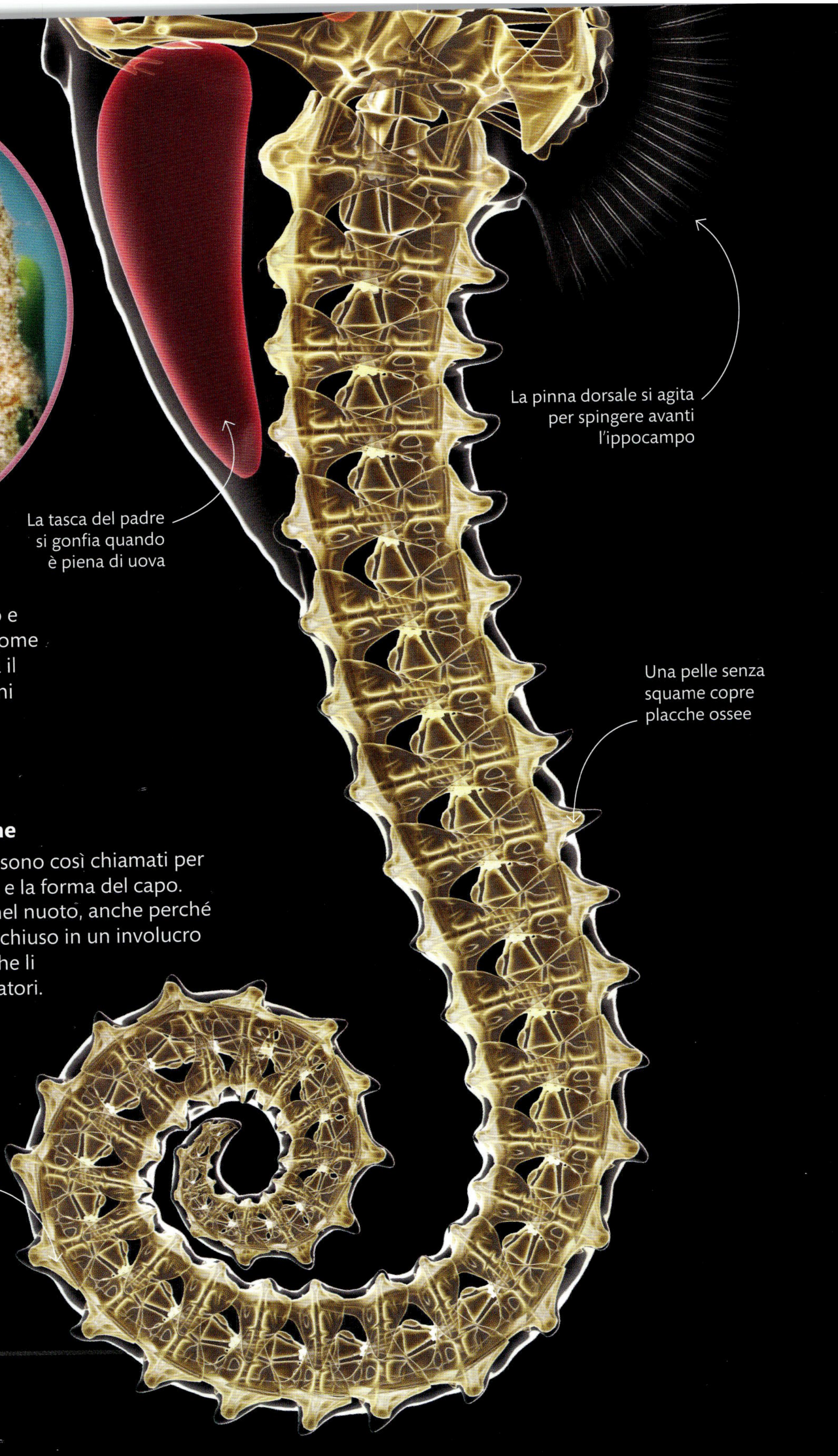

COLPO D'OCCHIO

- **LUNGHEZZA** 3-35 cm
- **HABITAT** Acque costiere poco profonde
- **DISTRIBUZIONE** In tutto il mondo
- **DIETA** Minuscoli animali che nuotano, come copepodi e plancton

UN LUNGO PARTO

I piccoli di ippocampo assorbono cibo e ossigeno nella tasca del padre, proprio come in una vera gravidanza. Quando arriva il momento, egli passa ore di contrazioni dolorose per partorirli nell'acqua.

FATTI E CIFRE

LUNGHEZZA

cm 1 2 3 — 0,2-2 cm (piccoli alla nascita)

DURATA DELLA GRAVIDANZA

giorni 10 20 30 40 50 — 9-45 giorni

ETÀ RIPRODUTTIVA

mesi 3 6 9 12 15 — 3-12 mesi (età di inizio della riproduzione)

Esistono oltre 50 specie di ippocampi. Di solito quelli più grossi vivono di più, hanno una gravidanza più lunga e un numero maggiore di piccoli per nidiata.

PICCOLI PER NIDIATA
FINO A 2.000

Corazza a placche

I cavallucci marini sono così chiamati per la posizione eretta e la forma del capo. Sono molto lenti nel nuoto, anche perché hanno il corpo racchiuso in un involucro di placche ossee che li protegge dai predatori.

ASPIRATORE MACULATO

Gli squali zebra passano il tempo gironzolando nelle barriere coralline. Si nutrono di animali che vivono sul fondo: li aspirano direttamente in bocca appena escono dalla sabbia.

TRASFORMISTA

LO SQUALO ZEBRA

I primi scienziati che hanno descritto questo squalo lo hanno chiamato così perché avevano davanti un esemplare giovane. Quando l'animale è appena nato ha infatti il corpo nero con sottili e vistose bande bianche, mentre da adulto le strisce che ha sul corpo si tramutano in macchie di leopardo. Probabilmente così si difende dai pericoli facendo credere ai predatori di essere un velenoso serpente marino: se fosse vero sarebbe l'unico caso in cui uno squalo imita l'aspetto di un altro animale.

COLPO D'OCCHIO

- **LUNGHEZZA** 1,45-2,35 m
- **HABITAT** Acque tropicali poco profonde vicino al fondo, specialmente su barriere coralline e banchi di sabbia; a volte entra in acque salmastre
- **DISTRIBUZIONE** Mar Rosso e zone costiere degli oceani Indiano e Pacifico occidentale
- **DIETA** Chiocciole, piccoli pesci, granchi, gamberi e serpenti marini

FATTI E CIFRE

Le bande diventano macchie quando i giovani squali zebra raddoppiano le loro dimensioni.

LUNGHEZZA

20-26 cm (alla nascita)

cm 20 40 60 80

70 cm (periodo in cui le bande diventano macchie)

PROFONDITÀ DI NUOTO

m 20 40 60 80

0-62 m

DURATA MAX DELLA VITA

30 ANNI

PUNGIGLIONE INFERNALE

IL PESCE DIAVOLO

Il pesce diavolo è pressoché impossibile da distinguere sul fondo variopinto di un reef tropicale, e a volte è anche parzialmente sepolto nella sabbia. Di solito si sposta lungo il fondo usando le pinne come zampe, poi rimane immobile aspettando che la preda si avvicini e gli balza addosso con l'enorme bocca. Ha poco da temere: qualunque squalo saggio, se non vuole subire un brutto choc, sta alla larga dagli aculei velenosi che ha sul dorso. Sembra che le pericolose spine riescano a uccidere un uomo.

COLPO D'OCCHIO

- **LUNGHEZZA** 18-25 cm
- **HABITAT** Barriere coralline, lagune e a volte estuari di fiumi, di solito sopra sabbia o fango, spesso sotto per non farsi vedere
- **DISTRIBUZIONE** Oceano Indiano orientale e Pacifico occidentale dal sud della Cina all'Australia
- **DIETA** Piccoli pesci, gamberi e granchi

FATTI E CIFRE

LUNGHEZZA DEGLI ACULEI

cm 1 2 3 4 5

Circa 3-4,5 cm

Le spine velenose del pesce diavolo fanno parte della pinna dorsale. Si sollevano quando è minacciato.

LARGHEZZA DELLE PINNE PETTORALI

cm 5 10 15 20 25

Circa 15-22 cm

SPINE VELENOSE

FINO A 17

AGGUATO PUNGENTE

La pelle del pesce diavolo è coperta di grinze ed escrescenze che lo mimetizzano fra coralli e alghe. È un nuotatore lento e non riesce a procurarsi il cibo con la caccia: deve quindi prendere la preda di sorpresa.

"Gli antenati dello squalo frangiato risalgono a 150 milioni di anni fa."

FOSSILE VIVENTE

LO SQUALO FRANGIATO

Questo mostro abissale, che sembra più un serpente marino mitologico che uno squalo, appartiene a un gruppo di squaliformi le cui origini risalgono ai tempi dei dinosauri. Molte sono le stranezze del suo corpo: ha una spina dorsale incompleta, e quindi il dorso è sostenuto da un'asta elastica, e ha 6 fessure branchiali invece di 5. La testa sembra appartenere a una lucertola, nelle ampie mascelle ha centinaia di denti a 3 rebbi e aguzzi come aghi per mordere scivolosi calamari.

COLPO D'OCCHIO

- **LUNGHEZZA** 1,3-2 m
- **HABITAT** Abissi oceanici, di solito vicino a continenti
- **DISTRIBUZIONE** In tutto il mondo
- **DIETA** Pesci (compresi altri squali) e calamari

FATTI E CIFRE

Come molti altri tipi di squali, i frangiati sono vivipari. La loro gravidanza è una delle più lunghe del regno animale.

PROFONDITÀ DI NUOTO

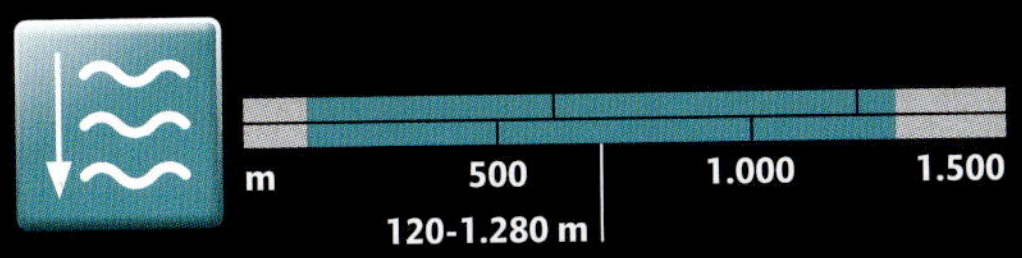

CUCCIOLI PER NIDIATA

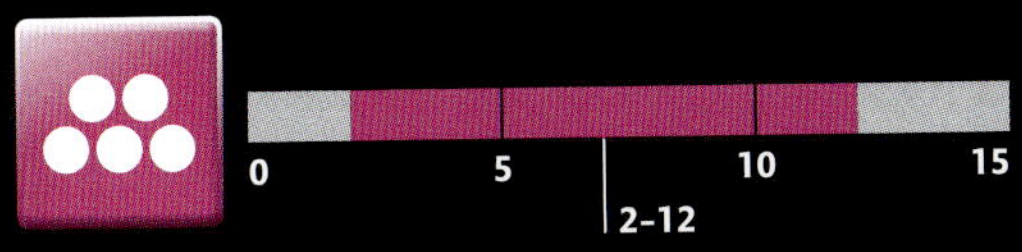

LUNGHEZZA DEI CUCCIOLI ALLA NASCITA

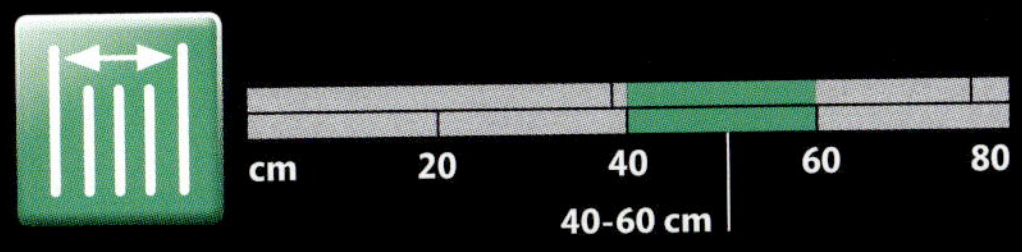

MUSO VEZZOSO

Lo squalo frangiato prende il nome dai bordi increspati delle branchie, che gli circondano la testa come un collare. Questo strano squalo è stato osservato di rado e poco studiato, dato che preferisce abitare negli abissi marini.

MADRE AFFETTUOSISSIMA

IL POLPO

Il polpo ha vita breve, a volte non supera un anno, eppure trascorre almeno 2 mesi ad allevare la sua numerosa famiglia. Mamma polpo produce circa 250.000 uova e ne appende grappoli agli scogli. Smette persino di andare a caccia per prendersene cura e proteggerle dai predatori. Quando le uova si schiudono, di solito è così debole per la fame che muore.

BECCO ACUMINATO

Il rostro è l'unica parte dura di un polpo. È al centro del corpo ed è abbastanza forte da masticare gran parte delle prede, compresi granchi e aragoste dal guscio duro.

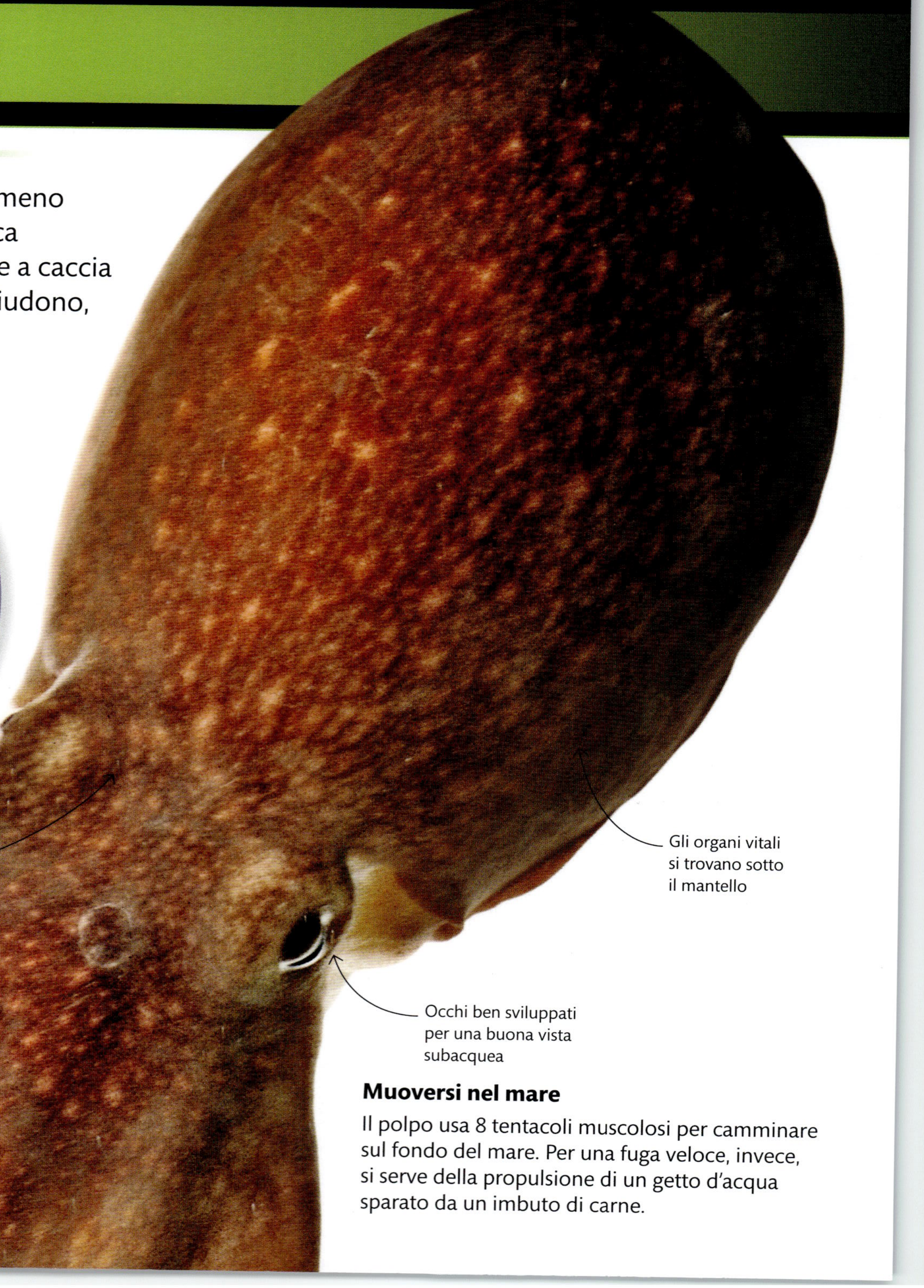

La testa contiene un grosso cervello

Gli organi vitali si trovano sotto il mantello

Occhi ben sviluppati per una buona vista subacquea

COLPO D'OCCHIO

- **LARGHEZZA** tra i tentacoli 1,5-3 m
- **HABITAT** Acque costiere rocciose
- **DISTRIBUZIONE** Atlantico, Indiano, Pacifico occidentale, Mediterraneo
- **DIETA** Granchi, astici, molluschi e altri animali con guscio

Muoversi nel mare

Il polpo usa 8 tentacoli muscolosi per camminare sul fondo del mare. Per una fuga veloce, invece, si serve della propulsione di un getto d'acqua sparato da un imbuto di carne.

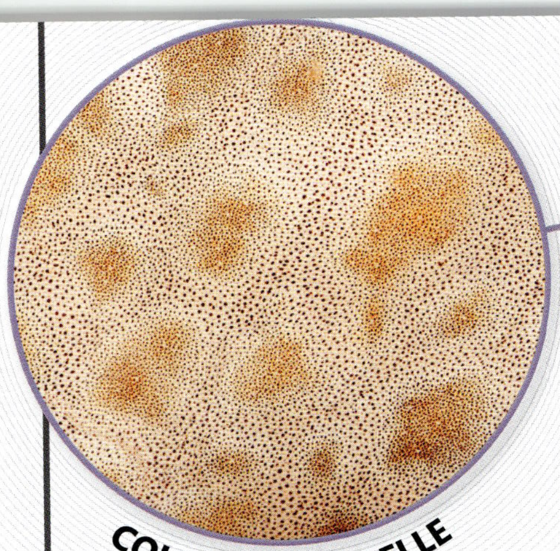

COLORE DELLA PELLE

Quando un polpo cambia umore, sulla pelle si espandono minuscole gocce di pigmento, facendogli mutare colore. In questo modo si mimetizza anche con l'ambiente.

CURA DELLE UOVA

Non c'è nulla che possa allontanare una madre polpo dalle sue preziose uova, nemmeno lo stomaco vuoto. Le tiene pulite prendendosene delicatamente cura con la punta dei tentacoli e soffiandoci sopra acqua ossigenata con il suo imbuto. Durante la cova la madre perde anche un terzo del suo peso corporeo.

8 lunghi tentacoli circondano la base della bocca

VENTOSE SENSIBILI

Ogni tentacolo ha 2 file di ventose capaci di afferrare oggetti o prede. Sono molto sensibili al tatto e al gusto, riconoscendo se è qualcosa che vale la pena mangiare.

FATTI E CIFRE

Migliaia di piccoli polpi iniziano la loro vita galleggiando nel mare, ma molti non sopravvivono ai pericoli. Dopo 2 mesi si immergono sul fondo e devono crescere in fretta.

DURATA DELLA VITA

12-18 mesi

mesi 5 10 15 20

UOVA PER NIDIATA

120.000-400.000

0 200.000 400.000

DIMENSIONI DI UN UOVO

2 mm

mm 1 2 3 4

PERIODO MASSIMO DI COVA

65 GIORNI

VIVO FUORI DALL'ACQUA

LO SQUALO CIECO

Questo squalo evita il mare aperto e passa tutta la vita vicino alla calda costa australiana. È raro vederlo di giorno perché si nasconde in grotte e sotto scogliere a fior d'acqua; emerge di notte per cacciare piccoli animali nella barriera corallina. Nonostante il nome ha una vista abbastanza buona, ma se si trova in pericolo riesce a tirare indietro i fragili globi oculari e chiuderli con spesse palpebre. Inoltre, quando rimane arenato fra gli scogli con la bassa marea, sopravvive molte ore fuori dall'acqua.

COLPO D'OCCHIO

- **LUNGHEZZA** 1-1,2 m
- **HABITAT** Coste rocciose, barriere coralline e praterie di alghe
- **DISTRIBUZIONE** Costa orientale dell'Australia
- **DIETA** Piccoli pesci, seppie, granchi e anemoni di mare

FATTI E CIFRE

Quando lo squalo cieco è fuori dall'acqua tiene gli occhi socchiusi per non far asciugare le palpebre e proteggerle da possibili danni.

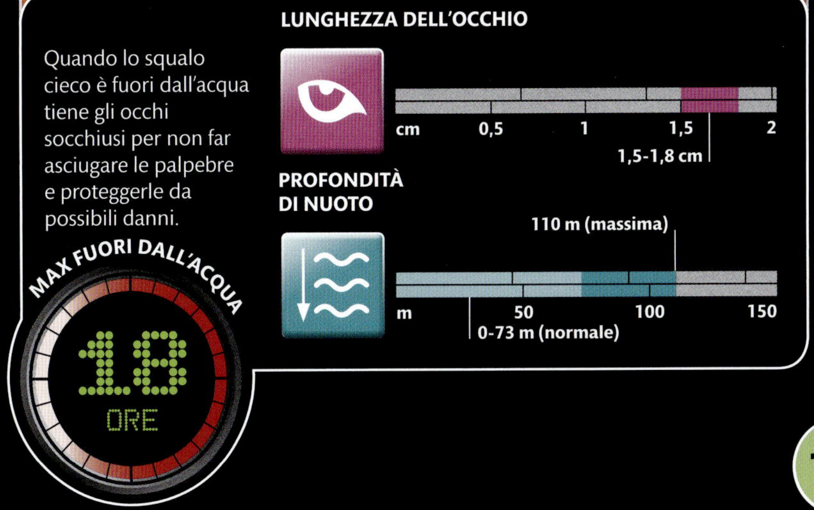

PERCEZIONE DELLA PREDA

Lo squalo cieco, anche se vede normalmente, usa i recettori sensoriali che ha sulla testa per individuare piccole prede che nuotano fra grovigli di alghe e nel reef.

IN FUGA NELLA TANA

L'ANGUILLA GIARDINO

Una colonia di anguille spunta timidamente fuori da un'area sabbiosa dei bassifondi marini: più che pesci sembrano germogli in un giardino. Addentano piccoli animali trasportati dalla corrente tenendosi sempre ben salde alla loro tana. Se un pericolo le minaccia si infilano rapidamente nella sabbia, a partire dalla coda. Il vantaggio di avere un corpo lungo è che riescono a procurarsi tutto ciò di cui hanno bisogno vicino a casa ed è raro che si avventurino a fare una nuotatina.

COLPO D'OCCHIO

- **LUNGHEZZA** 30-121 cm
- **HABITAT** Acque marine costiere, in colonie in sabbia corallina
- **DISTRIBUZIONE** In tutto il mondo, ma soprattutto nell'Oceano Indiano orientale e Pacifico occidentale
- **DIETA** Piccoli animali planctonici

FATTI E CIFRE

Le anguille giardino allungano solo tre quarti del loro corpo fuori dalla tana. Le tane sono abbastanza lontane fra loro da evitare competizione per il cibo.

POSTO DI VEDETTA
Decine di anguille giardino si tuffano in un torrente di plancton trasportato dalla corrente oceanica. Se una anguilla individua un pericolo si ritira nella tana e tutte le altre la seguono.

PIRATA DI BARRIERA
Lo squalo pinna bianca del reef, così chiamato per le macchie su pinne dorsali e coda, è uno dei principali predatori di queste aree tropicali, ma spesso è docile con gli esseri umani.

CACCIA NOTTURNA

LO SQUALO PINNA BIANCA DEL REEF

La barriera corallina è piena di nascondigli , e alcuni squali affamati fanno di tutto per cercare le prede nelle fessure. Lo squalo pinna bianca del reef ha una pelle particolarmente dura e un corpo affusolato, perfetti per addentrarsi fra le rocce. Un'ulteriore protezione sono le grinze che ha sugli occhi, che gli danno un aspetto sempre arrabbiato. Va a caccia di notte, esplorando ogni cavità in cerca di animali che vivono sul fondo.

COLPO D'OCCHIO

- **LUNGHEZZA** 1,6-2 m
- **HABITAT** Acque costiere limpide, intorno a barriere coralline, spesso si nasconde in caverne
- **DISTRIBUZIONE** Diffuso in tutti i tropici e subtropici
- **DIETA** Animali che vivono sul fondo, tra cui pesci, polpi, granchi e aragoste

FATTI E CIFRE

Lo squalo pinna bianca del reef si allontana raramente dai suoi territori di caccia preferiti. Durante il giorno dorme in caverne sottomarine.

DEMOLITRICE DI GUSCI

LA LONTRA MARINA

Non è facile frantumare le valve dure di un mitilo o il carapace di un granchio, ma una lontra marina affamata ci riesce: con un pezzo di roccia li spacca e ne mangia la carne. Quando trova un mollusco si stende sul dorso con la cena sul ventre, poi batte con la pietra che tiene fra le zampe anteriori fino a romperne il guscio; alcune lontre marine portano sempre con sé una pietra sotto uno speciale lembo di pelle dell'ascella. Passare la vita in acqua in cerca di cibo fa venire freddo e le lontre marine si sono attrezzate con una spessa pelliccia, più fitta di quella di qualsiasi altro mammifero.

COLPO D'OCCHIO

- **LUNGHEZZA** Testa e corpo 1-1,2 m; coda 25-37 cm
- **HABITAT** Acque costiere e poco profonde a 1 km dalla costa
- **DISTRIBUZIONE** Russia nordorientale e costa occidentale del Nord America
- **DIETA** Pesci lenti, ricci di mare, granchi, molluschi

FATTI E CIFRE

PROFONDITÀ MASSIMA DI APPROVVIGIONAMENTO

m 30 60 90

54 m (femmine)

82 m (maschi)

NUMERO DI COLPI

6-88 (per aprire un mitilo)

0 25 50 75 100

36 (media)

21 ORE
TEMPO DI CACCIA GIORNALIERA

IMMERSIONI CON ATTREZZI
FINO AL 21%

BANCHETTO GALLEGGIANTE

Non è semplice pasteggiare con un granchio stando stesi nell'acqua, ma le lontre marine galleggiano bene e a volte si ricoprono di alghe per non lasciarsi trasportare troppo dalla corrente.

"Alcune lontre marine hanno persino una **pietra preferita.**"

LUPO DEL MARE

LA VERDESCA

Quando gli squali si riuniscono per cacciare in gruppo diventano una squadra di criminali. Le verdesche vivono in mare aperto e cacciano le loro prede preferite, quali banchi di pesci e calamari, usando la stessa tattica dei lupi. Gruppi di squali nuotano attorno al banco stringendolo, poi vi si avventano sopra. Le verdesche, diffuse in tutto il mondo, preferiscono temperature più basse di altri squali di reef. Quando arrivano ai tropici nuotano in profondità, dove l'acqua è più fresca.

COLPO D'OCCHIO

- **LUNGHEZZA** 2,2-3,8 m
- **HABITAT** Soprattutto in mare aperto, a volte lungo la costa; gli esemplari giovani vivono in acque costiere
- **DISTRIBUZIONE** In tutto il mondo, tranne ai poli; è uno degli squali più diffusi
- **DIETA** Soprattutto pesce e calamari di mare aperto

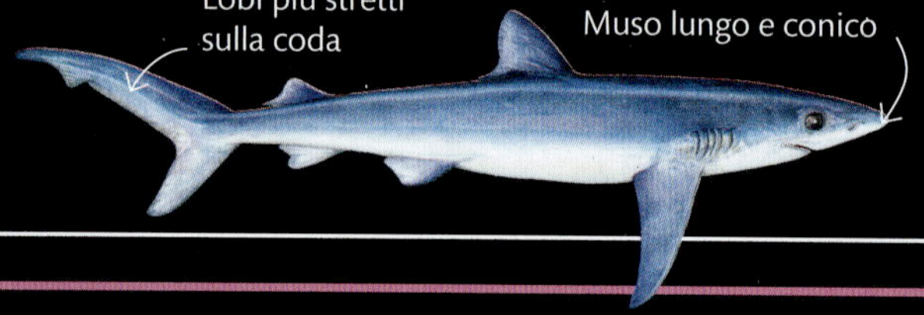

FATTI E CIFRE

VELOCITÀ DI NUOTO

40 km/h

km/h 20 40 60

Le verdesche sono vivipare e partoriscono più piccoli di tutti gli altri squali.

PERIODO DI GESTAZIONE

9-12

mesi 5 10 15

NIDIATA RECORD

135

BLU NEL BLU

Il colore blu cobalto di questo squalo lo mimetizza mentre circonda un banco di krill. Il ventre bianco, che ha in comune con altri squali, lo nasconde da qualsiasi animale che lo guardi in controluce da sotto in su.

"La verdesca è uno squalo **migratore** che percorre fino a **9.200 km**."

SUPERNIDIATA

LA TARTARUGA MARINA

Esistono tartarughe d'acqua dolce e tartarughe marine, ma queste ultime crescono molto di più delle loro parenti terrestri. Al posto delle zampe hanno enormi pinne simili a remi, ideali per nuotare, e trascorrono in mare quasi tutta la vita. Le tartarughe sono animali ovipari, quindi anche quelle marine ogni tanto devono andare a terra per deporre le uova, producendone centinaia ogni volta.

COLPO D'OCCHIO

- **LUNGHEZZA** 0,9-2,8 m
- **HABITAT** Acque marine tropicali e calde
- **DISTRIBUZIONE** Oceani Indiano, Atlantico, Pacifico e Mar Mediterraneo
- **DIETA** Animali marini e alghe

Le piccole tartarughe escono da uova tonde e coriacee

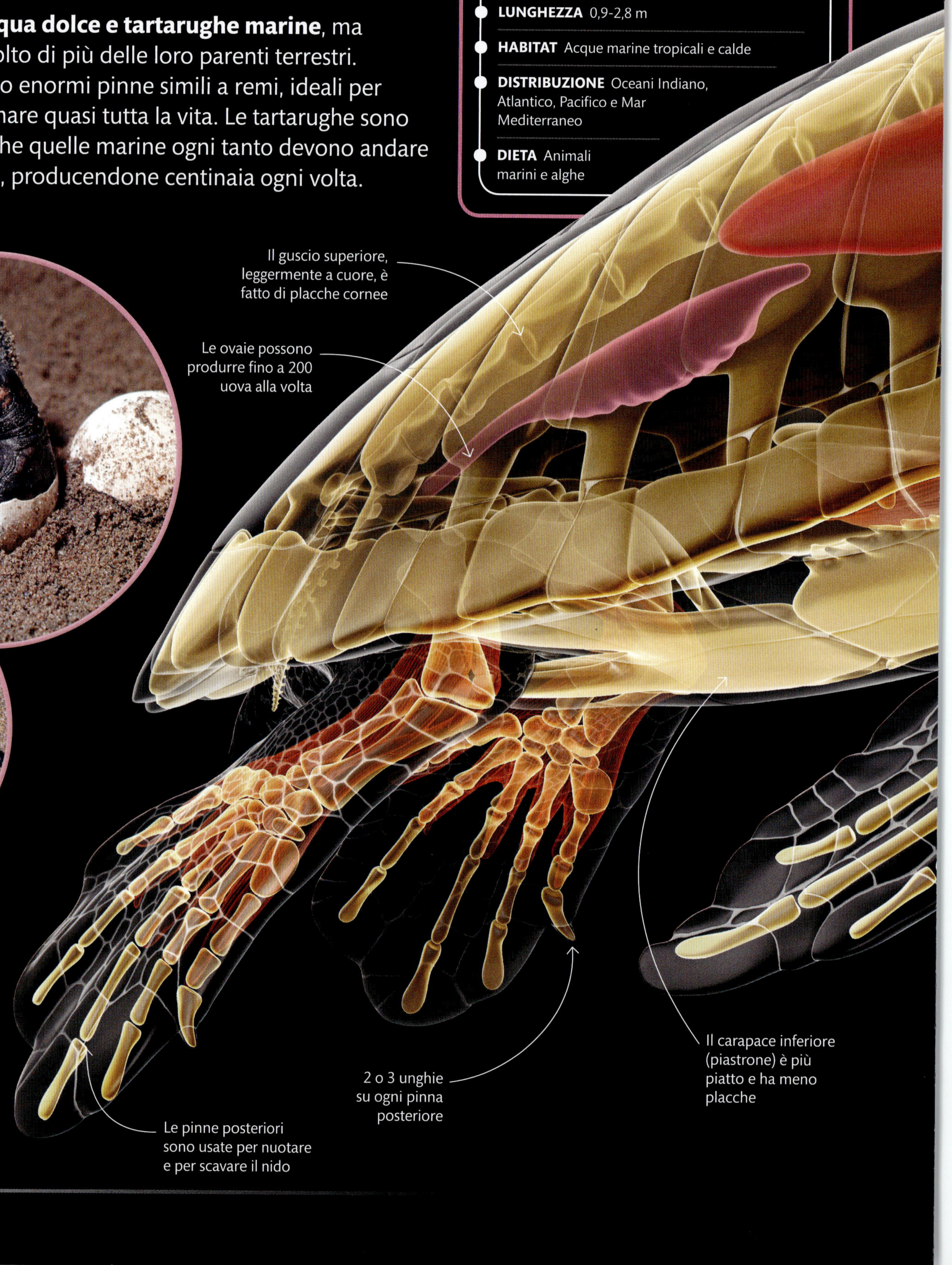

CORSA VERSO IL MARE

Le tartarughe marine seppelliscono le uova in spiagge di sabbia, dove non arrivano le onde di marea. Quando le uova si schiudono, i piccoli devono trovare il modo di uscire e poi, barcollando, corrono più veloci possibile verso il mare.

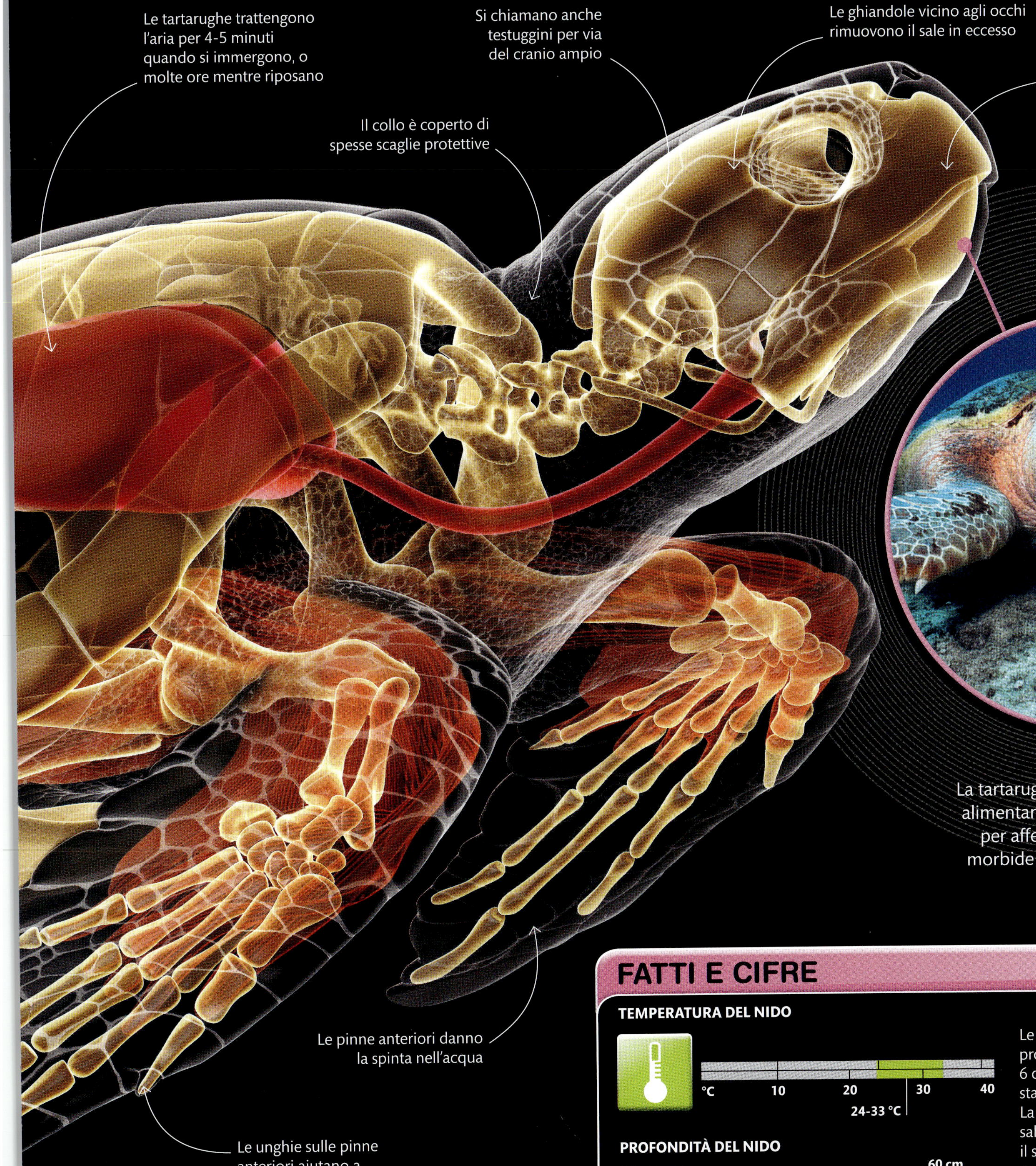

BECCATA

La tartaruga marina non ha esigenze alimentari particolari e usa il rostro per afferrare qualsiasi cosa: da morbide meduse a dure aragoste.

Lunghe distanze

Le tartarughe marine, presenti in ogni mare, usano le pinne per percorrere lunghe distanze. A volte, col favore delle correnti, attraversano persino l'enorme Oceano Pacifico.

FATTI E CIFRE

TEMPERATURA DEL NIDO

°C 10 20 30 40 — 24-33 °C

PROFONDITÀ DEL NIDO

cm 20 40 60 80 — 60 cm

PERIODO DI INCUBAZIONE

settimane 5 10 15 — 6 ½-13 settimane (o più a temperatura inferiore)

Le tartarughe marine producono fino a 6 covate durante la stagione riproduttiva. La temperatura della sabbia determina il sesso dei piccoli: maschi se la temperatura è più bassa, femmine se più alta.

UOVA PER COVATA

FINO A 200

"Le femmine **gravide** di squalo limone **tornano** a partorire ogni 2 anni nella **stessa laguna**."

SQUALO NOSTALGICO

LO SQUALO LIMONE

Lo squalo limone trova sicurezza e benessere nelle lagune tropicali. In quella vicino a Bimini, alle Bahamas, si raccolgono decine e decine di femmine gravide, che tornano nel luogo dove loro stesse sono nate anni prima. I cuccioli sono stati nutriti nel corpo delle madri e, dopo il parto, stanno nelle calde acque basse della laguna, che fa da nursery. Quando sono abbastanza grandi raggiungono gli adulti in acque più profonde.

COLPO D'OCCHIO

- **LUNGHEZZA** 2,5-3 m
- **HABITAT** Acque poco profonde, di barriera corallina, margini di mangrovie e foci di fiumi; a volte acque più profonde
- **DISTRIBUZIONE** Coste calde e tropicali dell'America, Caraibi e Africa occidentale
- **DIETA** Soprattutto pesci, compresi altri squali; i giovani si nutrono anche di granchi, gamberi e polpi

FATTI E CIFRE

I giovani squali limone rimangono nelle acque basse di laguna per 8 anni circa, poi si avventurano in acque più profonde.

PROFONDITÀ DI NUOTO

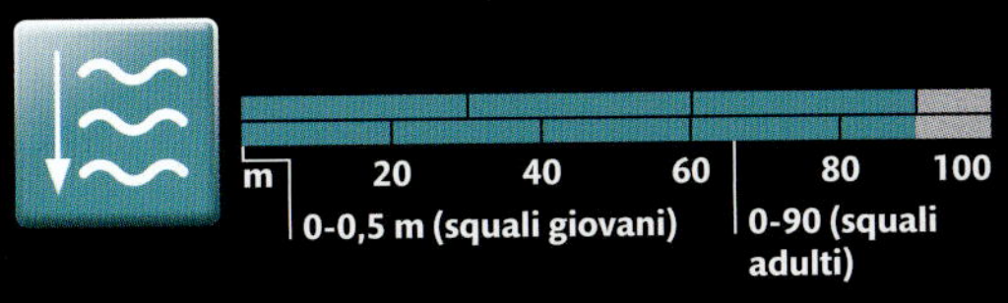

CUCCIOLI PER NIDIATA

VITA DI LAGUNA

Le calde acque di lagune poco profonde ricoperte di sabbia corallina bianca sono la comoda dimora degli squali limone. Il cibo non manca – pesci smarriti della vicina barriera – e si è al sicuro dai pericoli.

BANDA DI MARE

Gli squali limone sono creature molto socievoli. Nel primo anno di vita crescono al riparo nella loro nursery. Quando hanno 2 o 3 anni preferiscono riunirsi in gruppi dello stesso sesso ed età, trascorrendo gran parte del loro tempo in queste "bande". La vita di gruppo garantisce protezione dai predatori più grossi, ma è utile anche per trovare cibo e un partner. Spesso le bande si aggirano di notte attorno a pontili usati per la pesca.

SUL FONDO DEL MARE

Lo squalo galeo preferisce andare a caccia vicino al fondale. Le femmine gravide si spostano per partorire in acque meno profonde di estuari e baie.

SQUALO IN MOVIMENTO

LO SQUALO GALEO

Probabilmente troverete uno squalo galeo in qualsiasi posto di mare andiate: vivono un po' dappertutto, nelle acque basse vicino alla costa come in mare aperto. Preferiscono temperature basse e in estati torride si trasferiscono dalle acque calde ai poli, o nelle più fresche profondità. Sono buoni nuotatori e riescono a percorrere grandi distanze. Durante le migrazioni alcuni di essi coprono migliaia di chilometri.

COLPO D'OCCHIO

- **LUNGHEZZA** 1,35-2 m
- **HABITAT** Acque costiere poco profonde, di solito vicino al fondo
- **DISTRIBUZIONE** Oceani più freschi oltre i tropici, soprattutto vicino a coste di continenti e isole
- **DIETA** Pesci, calamari e polpi; i giovani cacciano anche gamberi, vermi e chiocciole

FATTI E CIFRE

Alcuni squali galeo vivono stabilmente vicino all'equatore, ma quando diventa molto caldo si spostano in acque più profonde e fresche.

DISTANZA

PROFONDITÀ DI NUOTO

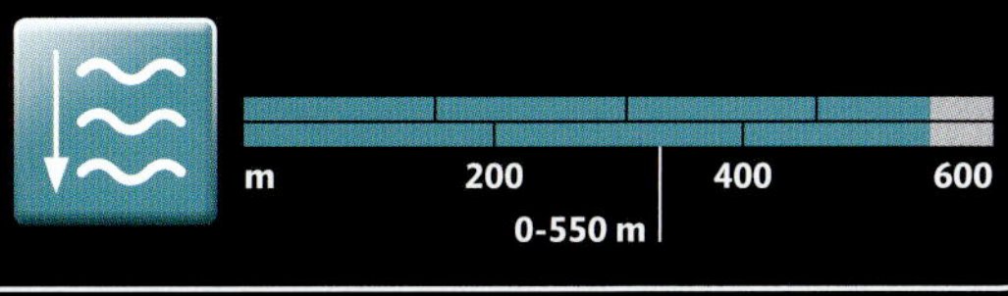

"Gli squali galeo si trasferiscono **ai poli** in estate e **all'equatore** in inverno."

SONNO MARINO
Un tricheco schiaccia un pisolino in acqua. Le zanne sono denti canini usati per mettersi in mostra e per forare il ghiaccio per respirare.

"I trichechi fanno **pisolini** di 5 minuti sott'acqua."

DORMIGLIONE

IL TRICHECO

I trichechi hanno uno dei più strani modi di dormire del regno animale. Vivono nell'acqua gelata del Mare Artico, agli estremi del mondo, e passano anche una settimana di seguito in mare a pescare. Ciò significa che devono appisolarsi ogni volta che possono, appendendosi con le zanne a lastroni di ghiaccio o persino completamente sott'acqua. Quando sono molto indaffarati riescono a nuotare per più di 3 giorni senza dormire. Si rifanno quando tornano sulla terraferma: non è raro vederli a centinaia russare ammassati su una spiaggia.

COLPO D'OCCHIO

- **LUNGHEZZA** 3-3,6 m
- **HABITAT** Coste fredde dell'Artide e su lastre di ghiaccio, mentre si tuffano in acque basse
- **DISTRIBUZIONE** Regioni intorno al Polo Nord, verso sud fino alle isole del Pacifico settentrionale e la Groenlandia nell'Atlantico
- **DIETA** Soprattutto molluschi, ma anche vermi, chiocciole, gamberi, granchi, oloturie e pesci lenti

FATTI E CIFRE

84 ORE
TEMPO MASSIMO SENZA DORMIRE

LUNGHEZZA DELLE ZANNE

cm 30 60 90 120
50 cm (media)
100 cm (massima)

PESO CORPOREO

1.040-1.560 Kg
kg 1.000 1.500 2.000

TEMPO MASSIMO DI SONNO
19 ORE

SERPENTE MARINARO

IL SERPENTE DI MARE

Nel mare vivono tanti animali che sembrano serpenti ma solo i veri serpenti di mare sono rettili velenosi che respirano aria. Ecco perché stanno vicino alla superficie, anche se sono in grado di chiudere le narici per immergersi in profondità. Hanno una coda simile a un remo per nuotare meglio; di solito non depongono uova sulla terraferma ma partoriscono piccoli vivi sott'acqua. Sono gli unici rettili a trascorrere tutta la vita in mare.

SEGNALE DI PERICOLO

Le singolari strisce avvertono i predatori di tenersi alla larga. Anche se molte specie non sono aggressive, tutti hanno un potente veleno e alcune possono uccidere un uomo.

COLPO D'OCCHIO

- **LUNGHEZZA** 0,75-1,5 m; alcune specie di più
- **HABITAT** Acque costiere calde e poco profonde
- **DISTRIBUZIONE** Lungo le coste degli oceani Indiano e Pacifico; in Australia vi è la maggiore biodiversità
- **DIETA** Soprattutto pesci; alcuni si nutrono di pesci particolari, solo una specie è specializzata nel mangiare crostacei e molluschi

FATTI E CIFRE

PROFONDITÀ DI NUOTO

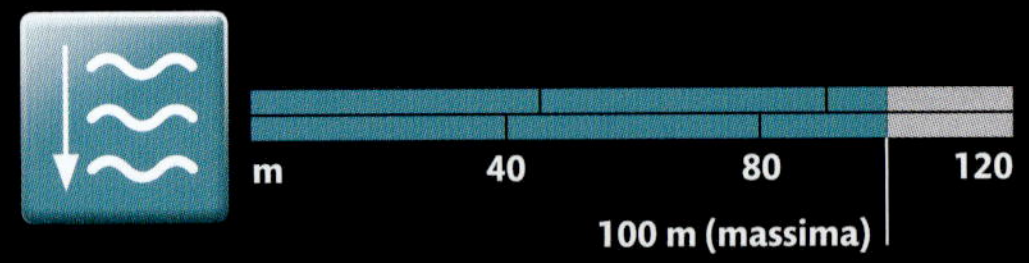

LUNGHEZZA DENTI VELENIFERI

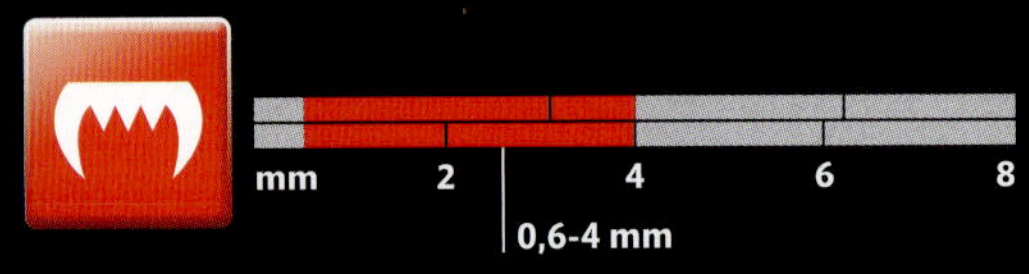

"Una sola goccia di veleno di serpente di mare basta a uccidere 3 uomini."

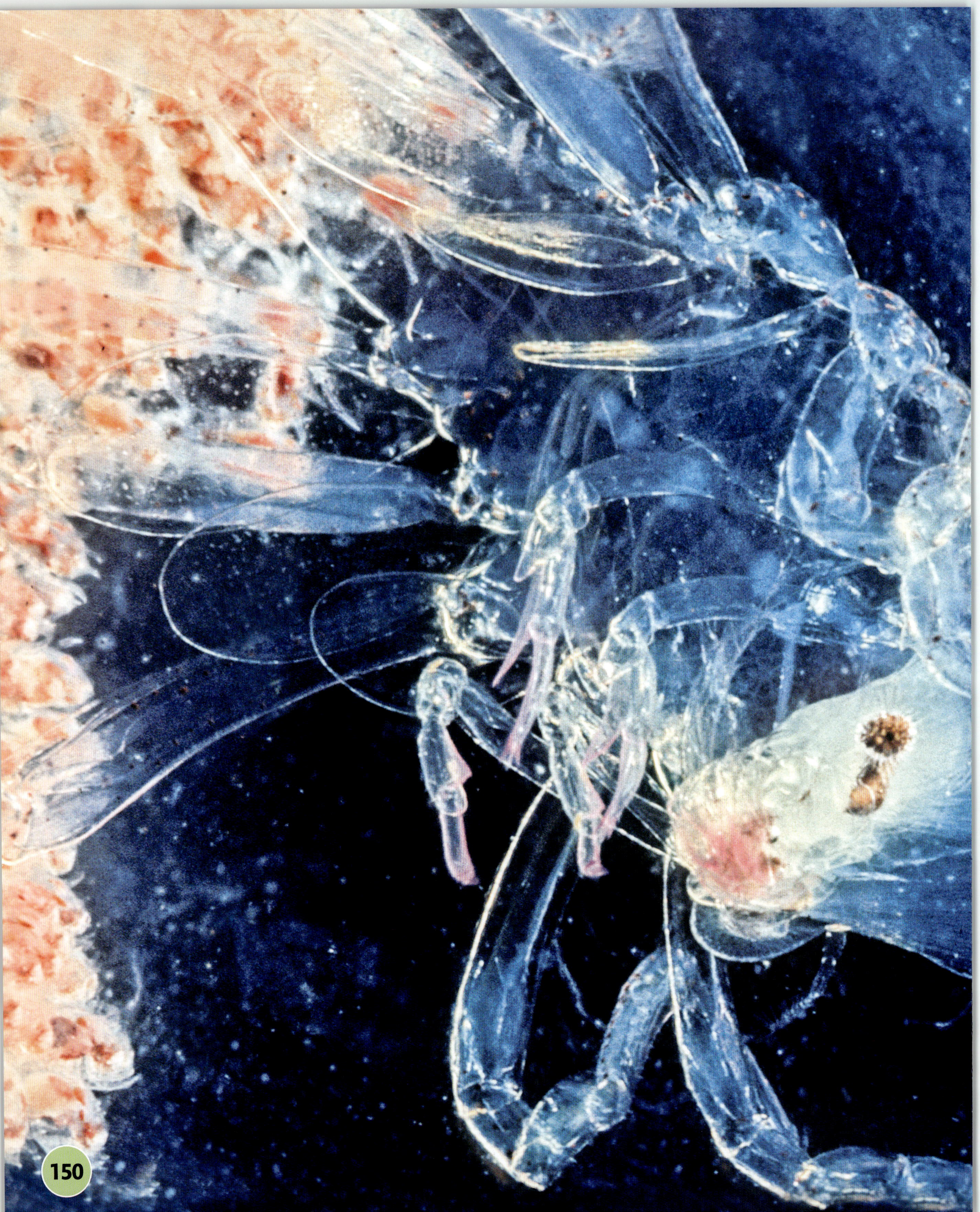

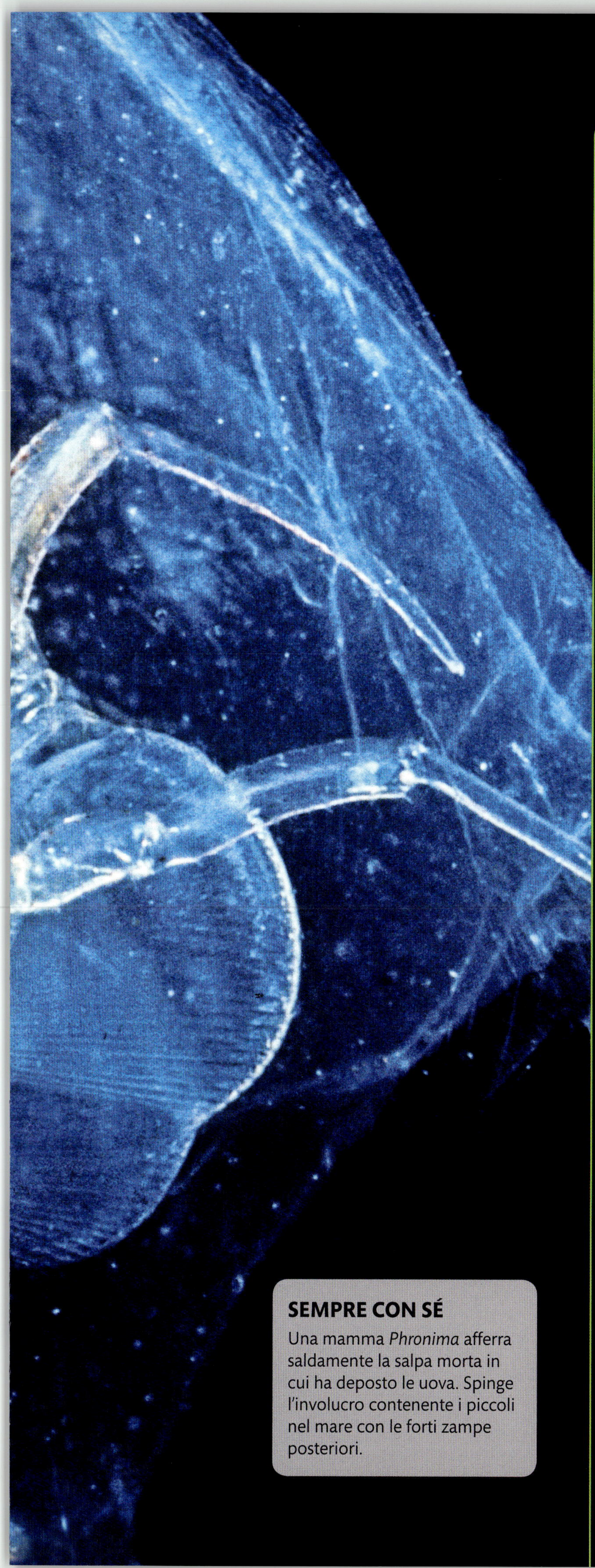

NIDO MOBILE

LA *PHRONIMA*

Ecco un gamberetto carnivoro e con un sistema un po' horror di allevare la prole: mentre gran parte delle mamme marine disseminano le uova in mare lasciando al caso la sopravvivenza dei piccoli, mamma *Phronima* trasforma infatti la preda in "carrozzina". Prima di tutto agguanta una specie di medusa a barile, chiamata salpa, e ne mangia le interiora finché non ne rimane che la pelle; poi vi depone le uova e le trasporta con sé dovunque vada, fino al momento della schiusa.

COLPO D'OCCHIO

- **LUNGHEZZA** 5-42 mm
- **HABITAT** Abissi marini
- **DISTRIBUZIONE** In tutto il mondo
- **DIETA** Salpe (animali simili a meduse) e altri animali del plancton a corpo molle

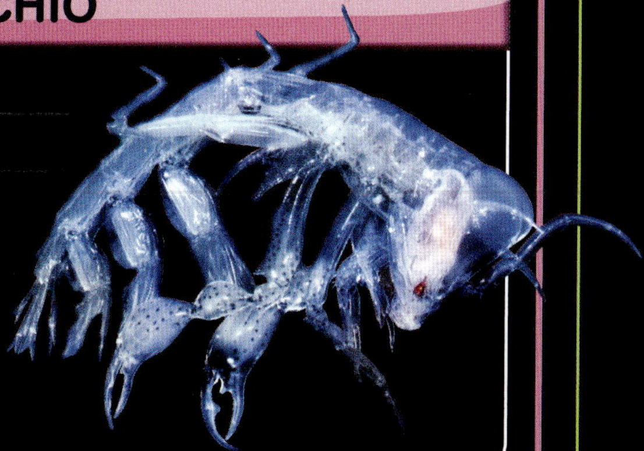

FATTI E CIFRE

Le *Phronima* depongono le uova in una preda abbastanza morbida da riuscire a scavarne l'interno. Preferiscono le salpe, ma attaccano anche meduse o animali simili.

TEMPO UTILIZZATO

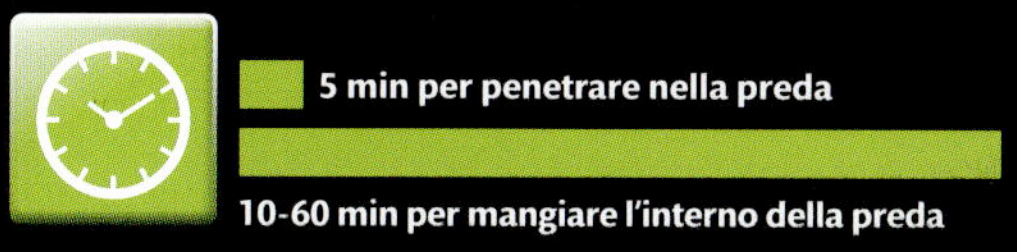

LUNGHEZZA DEL BARILE

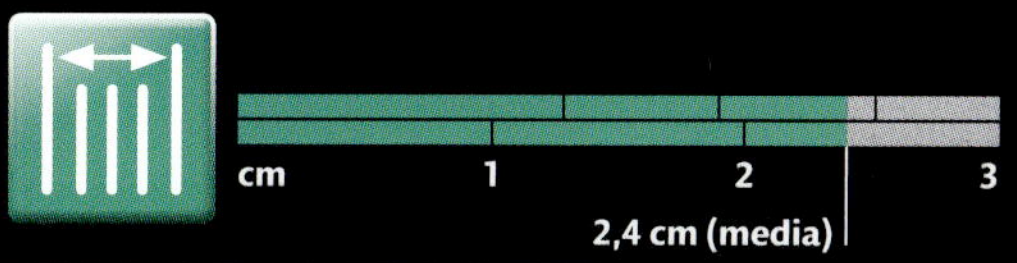

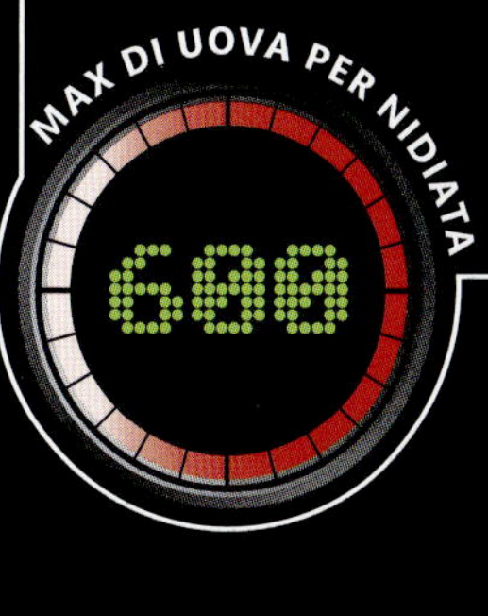

SEMPRE CON SÉ

Una mamma *Phronima* afferra saldamente la salpa morta in cui ha deposto le uova. Spinge l'involucro contenente i piccoli nel mare con le forti zampe posteriori.

“I giovani gattucci usano la loro **pelle ruvida** per **lacerare il cibo**.”

PREDATORE NOTTURNO

IL GATTUCCIO

Questo piccolo squalo non ha problemi a cacciare di notte. I suoi occhi sensibili gli permettono di razziare in tutti i mari d'Europa piccoli animali che vivono vicino ai fondali sabbiosi e fangosi delle acque costiere. È uno degli squali europei più numerosi e si nutre di qualsiasi cosa riesca ad afferrare con le mascelle: pesci, granchi e calamari. È attivo soprattutto di notte e passa la giornata rimanendo immobile sotto scogli scoscesi o sul fondale.

COLPO D'OCCHIO

- **LUNGHEZZA** 80-100 cm
- **HABITAT** Acque costiere
- **DISTRIBUZIONE** Atlantico nordorientale e Mediterraneo
- **DIETA** Pesci, vermi, gamberi e chiocciole

FATTI E CIFRE

Pur non avendo occhi grandi, il gattuccio è un ottimo cacciatore notturno.

DIAMETRO OCCHI

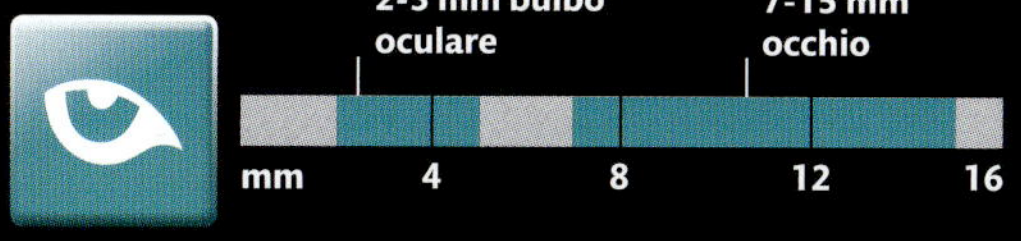

DIETA

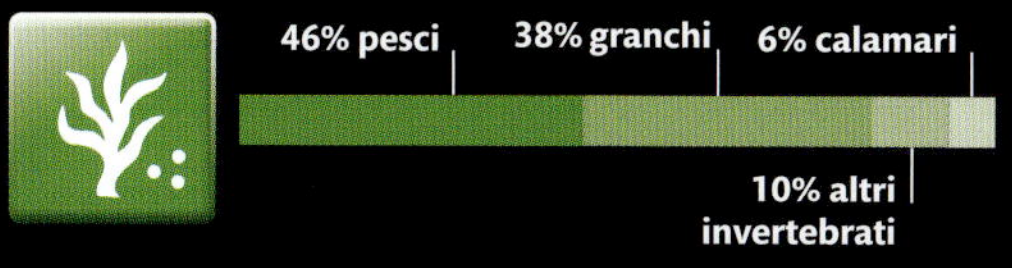

CACCIATORE SOTTILE

Quasi tutti i gattucci hanno corpo affusolato e pelle maculata. Sono così chiamati per gli occhi ovali, simili a quelli dei gatti, collocati sulla testa.

"Sono troppo lenti per catturare foche che nuotano, quindi prendono quelle che dormono."

NUOTATORE LENTO

SQUALO DELLA GROENLANDIA

Nelle acque gelate dell'Artico la vita rallenta e lo squalo della Groenlandia è forse il pesce gigante più lento dell'oceano. Non raggiunge nemmeno la metà della velocità di nuoto di una foca e impiega 7 secondi per muovere la coda da un lato all'altro del corpo. Non riuscendo a rincorrere le prede, vi si avvicina furtivamente e le prende di sorpresa. In questo modo è capace di afferrare una foca ignara, o persino un uccello marino.

COLPO D'OCCHIO

- **LUNGHEZZA** 2,5-7,3 m
- **HABITAT** Acque costiere fredde, si sposta in profondità nei mesi più caldi
- **DISTRIBUZIONE** Oceani Artico e Atlantico settentrionale
- **DIETA** Pesce (fra cui altri squali), foche, calamari, granchi, meduse e piccoli delfini

FATTI E CIFRE

Lo sviluppo degli squali che vivono in acque fredde è lento. Lo squalo della Groenlandia cresce circa 100 volte meno rapidamente di quelli tropicali.

PESO

775 kg (massimo)

kg 250 500 750 1.000

VELOCITÀ DI CRESCITA

1 cm l'anno (squalo della Groenlandia)

fino a 90 cm l'anno (squalo tigre in acque più calde)

VELOCITÀ DI NUOTO

1,25-2,5 km/h

km/h 2 4

3 km/h velocità di una foca

TEMPERATURA DELL'ACQUA

2°C IN MEDIA

SPAZZINO GIGANTE

Lo squalo della Groenlandia è carnivoro e si nutre come può, a volte anche di animali morti che trova in acque basse. Nello stomaco di alcuni squali sono stati trovati persino i resti di renne.

COSTRUTTORE DI BOZZOLI

IL PESCE PAPPAGALLO

Il pesce pappagallo si serve della barriera corallina in cui vive non solo per trovare cibo, ma anche riparo. Rosicchia il corallo con un aguzzo becco da pappagallo, ne assimila le parti viventi molli e scarica dal corpo, sotto forma di sabbia, quelle dure. Di notte dorme al sicuro in una fessura. Alcune specie rilasciano dalla bocca una specie di fango, che usano come giaciglio. Ne stendono uno strato, una specie di bozzolo sottomarino, che copre tutto il corpo e li protegge meglio dai predatori.

COLPO D'OCCHIO

- **LUNGHEZZA** 0,3-1,3 m secondo la specie
- **HABITAT** Acque poco profonde e barriere coralline
- **DISTRIBUZIONE** In tutto il mondo, specialmente ai tropici
- **DIETA** Coralli e alghe

FATTI E CIFRE

PESO DEL CORALLO CONSUMATO

g 100 200 300

275 g al giorno

Il corallo sgretolato mangiato dai pesci pappagallo contiene alghe nutrienti, mentre le parti dure sono eliminate.

MORSI AL CORALLO AL MINUTO

0 10 20 30 40

1-35 (meno per pesci grossi, più per piccoli)

PER COSTRUIRE IL BOZZOLO

45–60 MIN

PARAVENTO FANGOSO

Il bozzolo di fango nasconde il pesce pappagallo dai predatori. Quando dorme lo protegge anche da parassiti, come i pidocchi dei pesci, che di notte infestano il suo corpo.

CASA DOLCE CASA

SQUALO PINNA NERA DEL REEF

Una barriera corallina tropicale è così piena di vita che uno squalo affamato in cerca di un pasto non deve andare lontano. Lo squalo pinna nera del reef è un predatore comune nelle barriere coralline dell'Asia e Australasia tropicali, ma si limita a cacciare in una zona grande solo il doppio di un campo da calcio. Sta vicino al suo reef preferito per anni e anni. Solo le femmine gravide se ne allontanano poco prima di partorire.

COLPO D'OCCHIO

- **LUNGHEZZA** 1-2 m
- **HABITAT** Acque tropicali poco profonde, specialmente in barriere coralline
- **DISTRIBUZIONE** Oceano Indiano e Pacifico occidentale
- **DIETA** Pesci, calamari, gamberi e chiocciole

FATTI E CIFRE

DISTANZA MEDIA DA CASA

km² 0,2 0,4 0,6 0,8

0,3-0,7 km²

AREA DI CACCIA

km² 0,2 0,4 0,6 0,8

0,009-0,13 km²

PROFONDITÀ DI NUOTO

0-75 m (adulti)

m 20 40 60 80

0-3 m (giovani)

I giovani squali pinna nera del reef rimangono in basse lagune, poi si spostano in acque più profonde. Anche da adulti passano gran parte del tempo a perlustrare un territorio 100 volte più piccolo di tutta la barriera, inseguendo prede da una piccola zona di caccia a un'altra.

MACCHIA NERA

Le vistose macchie nere che questo squalo ha sulla punta della coda e delle pinne sono una delle caratteristiche degli squali di reef. Spesso si nota la pinna dorsale che si erge fuori dall'acqua.

PREDATORI DI LAGUNA

Degli squali pinna nera del reef sono attirati da questo fitto banco di pesci che nuota in una laguna calda. Di solito ci vivono solo esemplari giovani, ma le prede richiamano anche gli adulti. Gli squali spingono i pesci verso la riva in gruppi sempre più fitti e quando sono abbastanza compatti vi balzano sopra per mangiarli in un solo boccone.

"Gli squali pinna nera del reef **spesso nuotano** in acque **profonde** solo 30 cm."

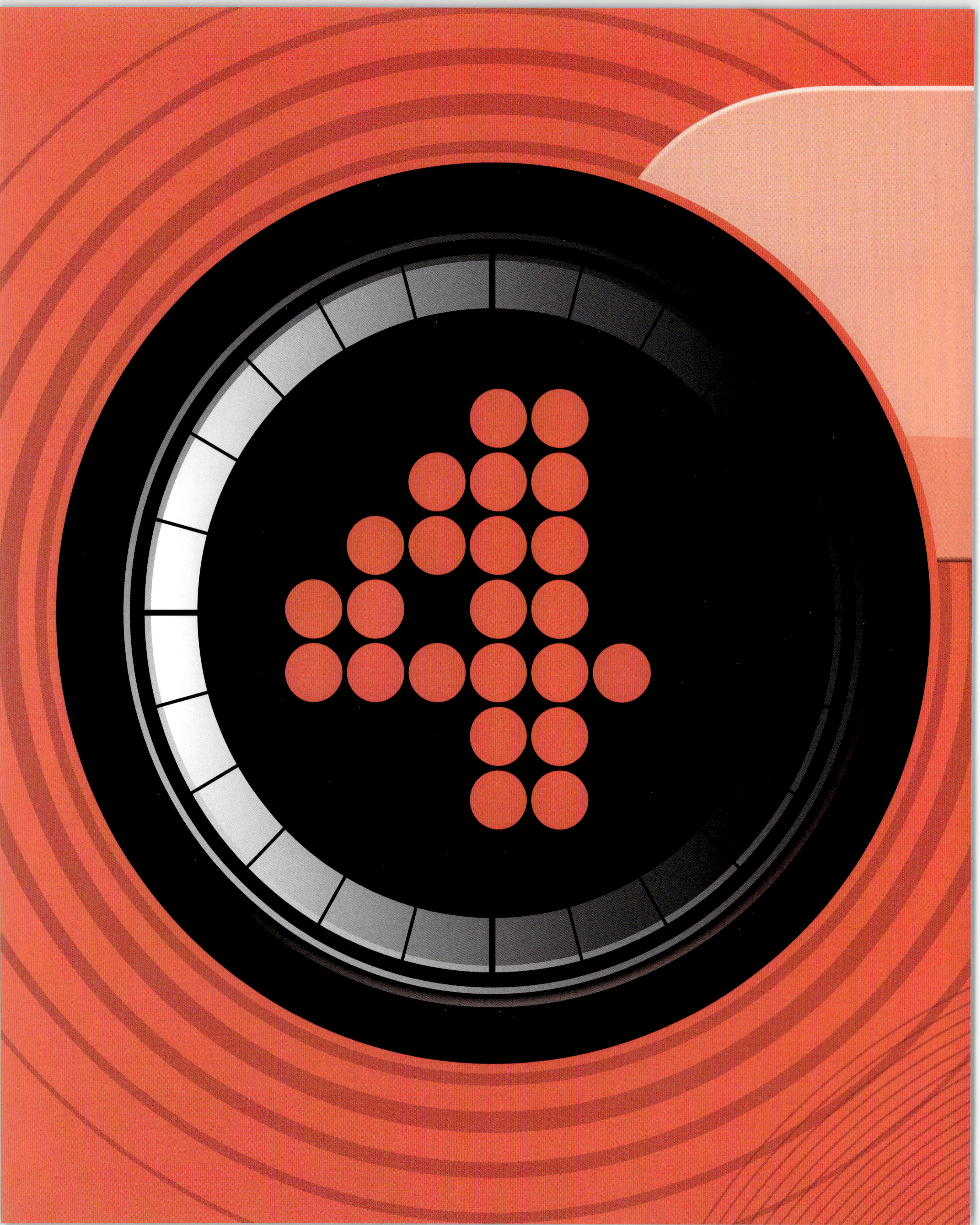
4

SUPERPOTERI

In mare la competizione è feroce, quindi è utile avere qualcosa in più che avvantaggi rispetto a un'altra specie. Le tattiche che usano alcuni animali marini sono davvero sorprendenti: una vista straordinaria, un olfatto che rileva i pericoli o un perfetto comportamento servile.

SENSAZIONE A OCCHI APERTI

LO SQUALO MARTELLO

È difficile immaginare come sia fatto il mondo quando si ha una visione ampia come quella di uno squalo martello. La vista a 360°, però, è solo una delle sue peculiarità. Ha una testa straordinaria, piena di sensori, e movimenti laterali che non solo l'aiutano a trovare le prede ma gli permettono anche di galleggiare bene mentre nuota.

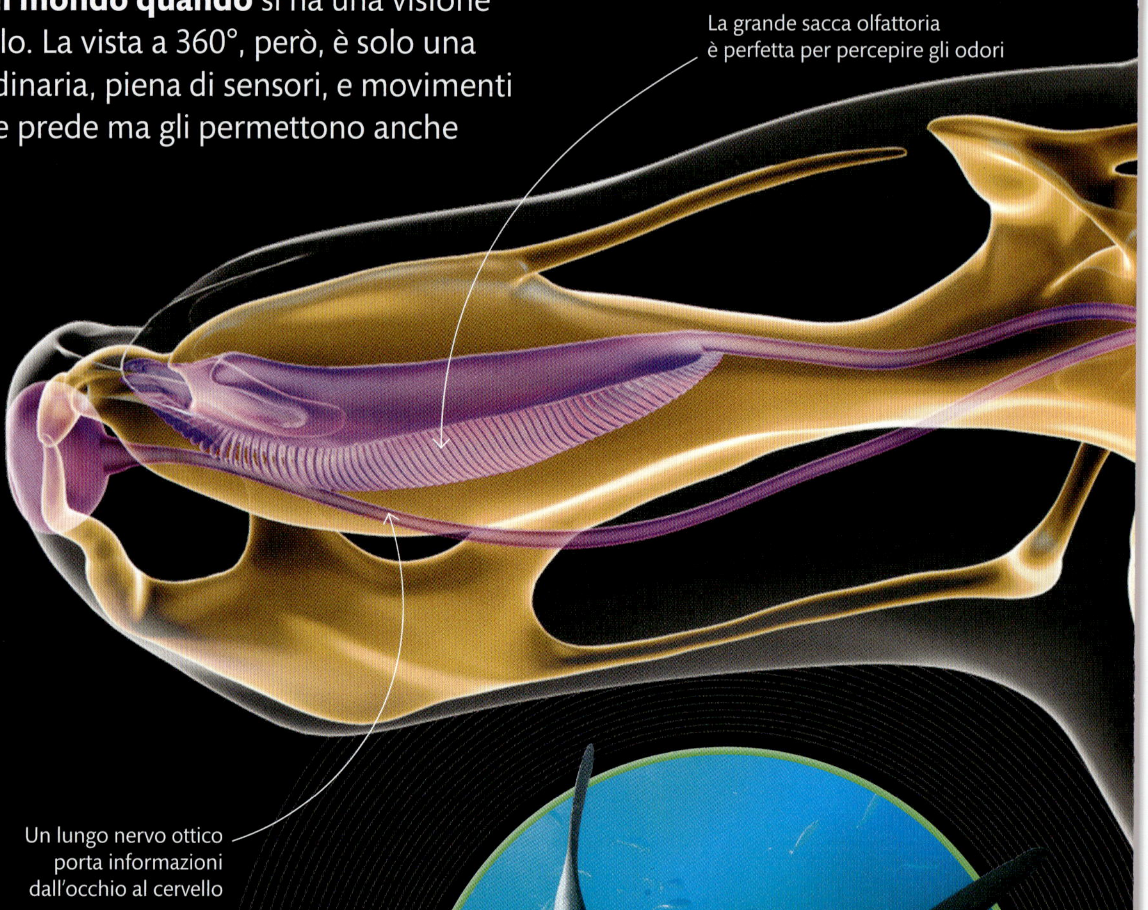

COLPO D'OCCHIO

- **LUNGHEZZA** 3,6-6,1 m
- **HABITAT** Mare vicino alla terraferma, ma specialmente barriere coralline
- **DISTRIBUZIONE** In tutto il mondo in acque tropicali e calde
- **DIETA** Molti pesci, soprattutto pastinache, cernie e pesci gatto

COME TROVARE PREDE SEPOLTE

Lo squalo muove la testa da un lato all'altro come un metaldetector: in questo modo la parte anteriore del martello coglie i segnali che provengono dalle pastinache, sue prede preferite.

FATTI E CIFRE

LARGHEZZA DELLA TESTA

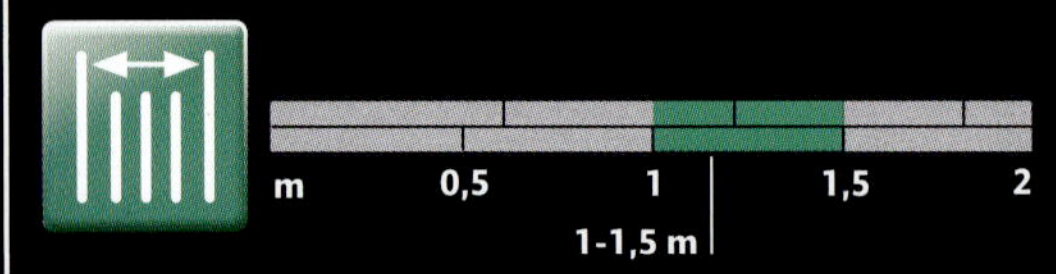

DISTANZA DI MIGRAZIONE

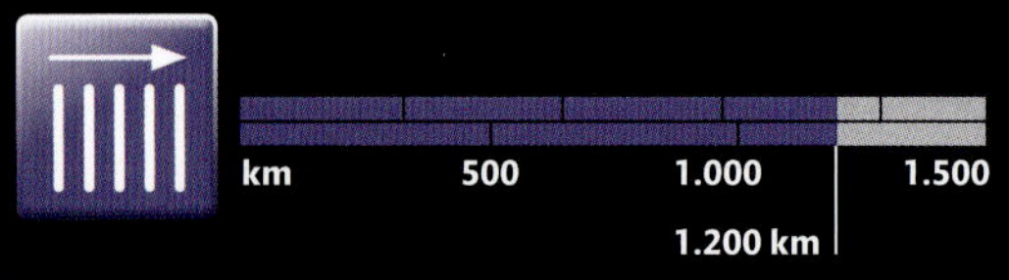

Nel mondo si trovano una decina circa di tipi di squalo martello, con dimensioni e forme del martello diverse. Alcuni migrano percorrendo lunghi tragitti.

Martello multiuso

Lo squalo martello ha una forma idrodinamica. Galleggiando meno di altri squali, il martello gli permette di sollevarsi nell'acqua, proprio come l'ala di un aereo.

TESTA SENSIBILE

Tutti gli squali hanno sensori nella testa, ma in particolar modo lo squalo martello. Ogni lama del martello contiene un grosso organo per fiutare la preda e la pelle è punteggiata di pori pieni di gelatina per riconoscere i movimenti.

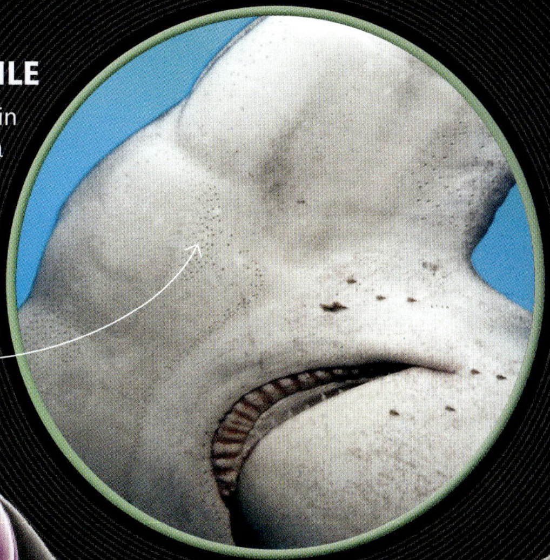

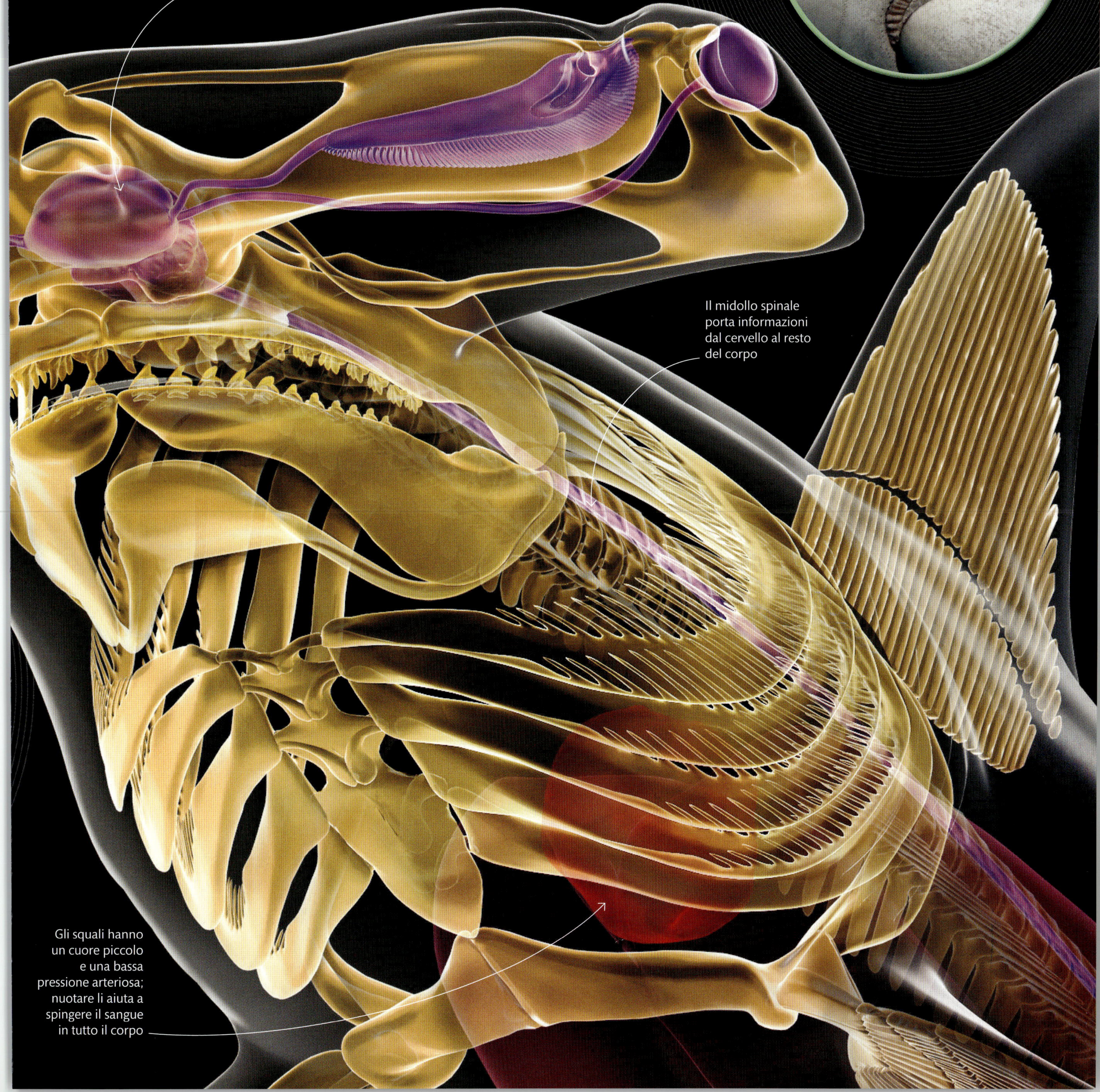

COLLISIONI FRA SQUALI

Gli squali martello smerlati formano ovunque banchi enormi, spesso composti da centinaia di pesci. Di giorno i gruppi nuotano vicino alla riva, di notte si spostano in acque più profonde per cacciare. I più numerosi sono formati da squali più giovani e da femmine. A volte alcuni individui sbattono il muso fra loro, forse in segno di aggressione o di corteggiamento.

ARMA SENSORIALE

LO SQUALO SEGA

Un bravo cacciatore ha un vantaggio sulla preda, per esempio ottimi sensi da predatore o un'arma letale. Lo squalo sega possiede entrambi. Il muso è un lungo rostro a forma di sega, dotato di pelle sensibile e di organi sensoriali per sondare il territorio. Quando percepisce un piccolo pesce o granchio sul fondo fangoso, li fende da parte a parte finché i denti del rostro non paralizzano la preda.

FATTI E CIFRE

La "sega" di uno squalo sega è in realtà un'estensione del muso. La pelle è coperta dagli stessi pori sensoriali che si trovano sul muso di altri squali.

LUNGHEZZA DI UNA "SEGA"

cm 10 20 30 40 — 12-35 cm

LUNGHEZZA DEI BARBIGLI

cm 5 10 15 20 — 6-16 cm

PROFONDITÀ DI NUOTO

m 300 600 900 1.200

1.000 m (massimo per uno squalo sega delle Bahamas)

Fino a 40 m (normale)

COLPO D'OCCHIO

- **LUNGHEZZA** 62-170 cm
- **HABITAT** Acque costiere, di solito vicino al fondo
- **DISTRIBUZIONE** Bahamas, Africa meridionale e Pacifico occidentale dal Giappone all'Australia
- **DIETA** Piccoli pesci, granchi, calamari e gamberi

Sensazione di cibo

I barbigli sensoriali che scendono ai lati del muso sono sensibili al tatto e alla pressione. Riescono persino a individuare la presenza di una preda nel fondo fangoso o sabbioso del mare.

MOLLUSCO INTELLIGENTISSIMO

LA SEPPIA GIGANTE

La seppia è lontana parente di chiocciole e lumache, ma ha un'intelligenza superiore a quella di qualsiasi altro invertebrato. Ha tentacoli per afferrare il cibo come il calamaro e il polpo e occhi raffinati come i nostri. Il cervello è particolarmente grande: forse interviene nel cambio di colore della pelle, che indica paura, eccitazione o collera.

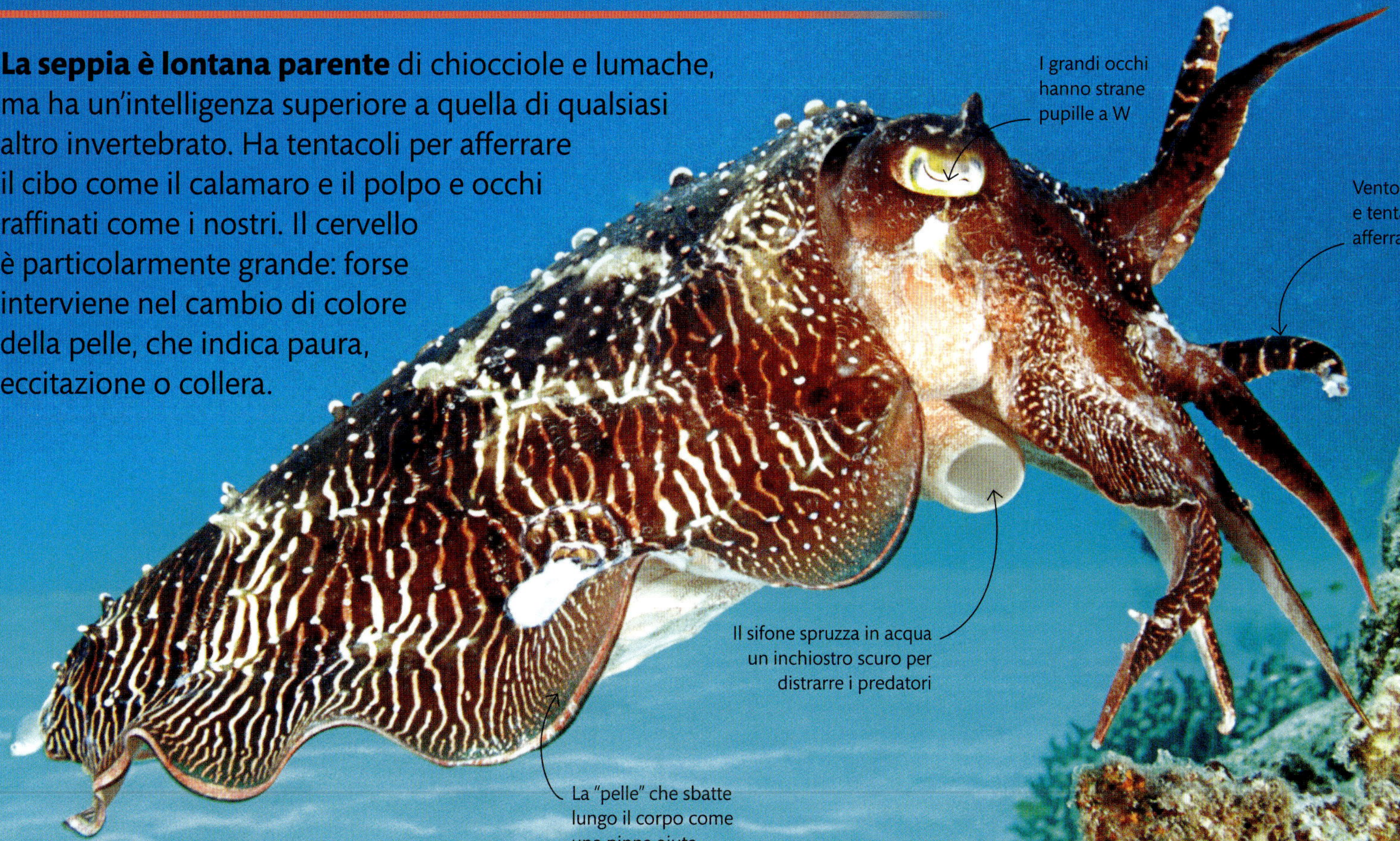

Camaleonte marino

Il corpo della seppia contiene un osso duro, pieno d'aria, che la sostiene e l'aiuta a galleggiare. Le maculature sono minuscole sacche di pigmento, che si espandono per far cambiare colore alla superficie della pelle.

FATTI E CIFRE

SACCHE DI PIGMENTO SULLA PELLE

20.000 per cm²

cm² 10.000 20.000 30.000

5 TIPI DI PIGMENTI DELLA PELLE

PERCENTUALE DI CERVELLO USATO PER L'APPRENDIMENTO

24% seppia

13% polpo

DURATA DELLA VITA **18-24** MESI

COLPO D'OCCHIO

- **LUNGHEZZA** 15-50 cm (corpo)
- **HABITAT** Acque vicino alla costa, nuota perlopiù sul fondo roccioso o sabbioso, o fra le alghe
- **DISTRIBUZIONE** In tutto il mondo
- **DIETA** Vari invertebrati e pesci

IL CERVELLO ANIMALE PIÙ GRANDE

COLOSSO INTELLIGENTE

IL CAPODOGLIO

Il capodoglio è il predatore più grande del mondo. Ha una mascella più lunga di un'auto e ogni dente è più grande di un cono gelato. I capodogli si immergono negli abissi marini per cacciare calamari giganti mettendo in atto strategie efficaci. Il loro cervello è ancora più voluminoso di quello della balenottera azzurra, l'animale più grande conosciuto.

COLPO D'OCCHIO

- **LUNGHEZZA** 11-20 m; i maschi adulti sono 2 volte più lunghi delle femmine
- **HABITAT** Mare aperto
- **DISTRIBUZIONE** In tutto il mondo, in acque profonde, tranne quelle coperte da ghiacci
- **DIETA** Soprattutto calamari (anche giganti), a volte polpi e pesci abissali

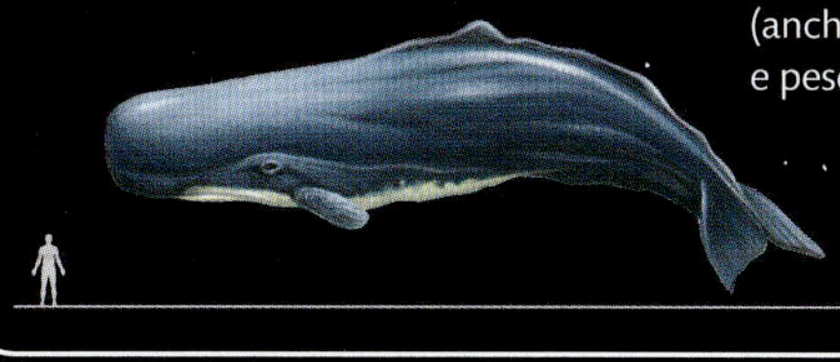

FATTI E CIFRE

70 ANNI
DURATA DELLA VITA

Pochi animali che respirano aria riescono a trattenere il fiato quanto un capodoglio; immergendosi più in profondità e più a lungo trova un maggior numero di prede.

DURATA MAX IMMERSIONE
90 MINUTI

TESTA SONORA

La grande testa di un capodoglio è piena di olio ceroso che trasporta bene i suoni e permette all'animale di emettere rumori schioccanti, usati per comunicare e per individuare le prede.

CACCIATORE NOTTURNO

LO SQUALO TIGRE

L'appetito di uno squalo tigre non ha pari. Mangia tutto quel che gli capita: tartarughe, uccelli, altri squali e persino esseri umani, balene ferite e scatolette di latta. Questo predatore spietato si aggira di notte lungo le coste, e spesso si avventura in estuari di fiumi e porti in cerca di cibo. È perlopiù solitario e si trova a suo agio a cacciare in acque buie e torbide.

COLPO D'OCCHIO

- **LUNGHEZZA** 3-6 m
- **HABITAT** Di solito in acque torbide vicino alla costa, specialmente intorno a estuari, lagune e porti
- **DISTRIBUZIONE** In tutto il mondo in mari caldi e tropicali
- **DIETA** Pesci, compresi altri squali, tartarughe, foche, uccelli marini, delfini, serpenti di mare, calamari, granchi, aragoste, chiocciole, meduse e spazzatura umana

GALLEGGIAMENTO

Lo squalo tigre ha sopra lo stomaco e l'intestino un grosso fegato pieno di olio, che gli permette di galleggiare quando nuota. Il suo intestino è inoltre dotato di una valvola spirale che rallenta il passaggio del cibo, in modo da assorbire più nutrienti possibile.

Gozzoviglie squalesche

Lo squalo tigre ha la reputazione di mangiare qualsiasi cosa gli capiti. È una strategia utile quando c'è poco cibo, ma a volte capita che ingoi anche oggetti indigesti. Come molti altri squali ha un intestino corto e quindi le ossa e le altre sostanze dure devono stare nello stomaco molto più a lungo, o deve cercare di vomitarle.

POCO SCHIZZINOSO

VEDERE AL BUIO

Lo squalo tigre ha uno strato sensibile dietro gli occhi che individua persino la minima quantità di luce e gli consente di agguantare la preda di notte, anche se l'acqua è molto torbida.

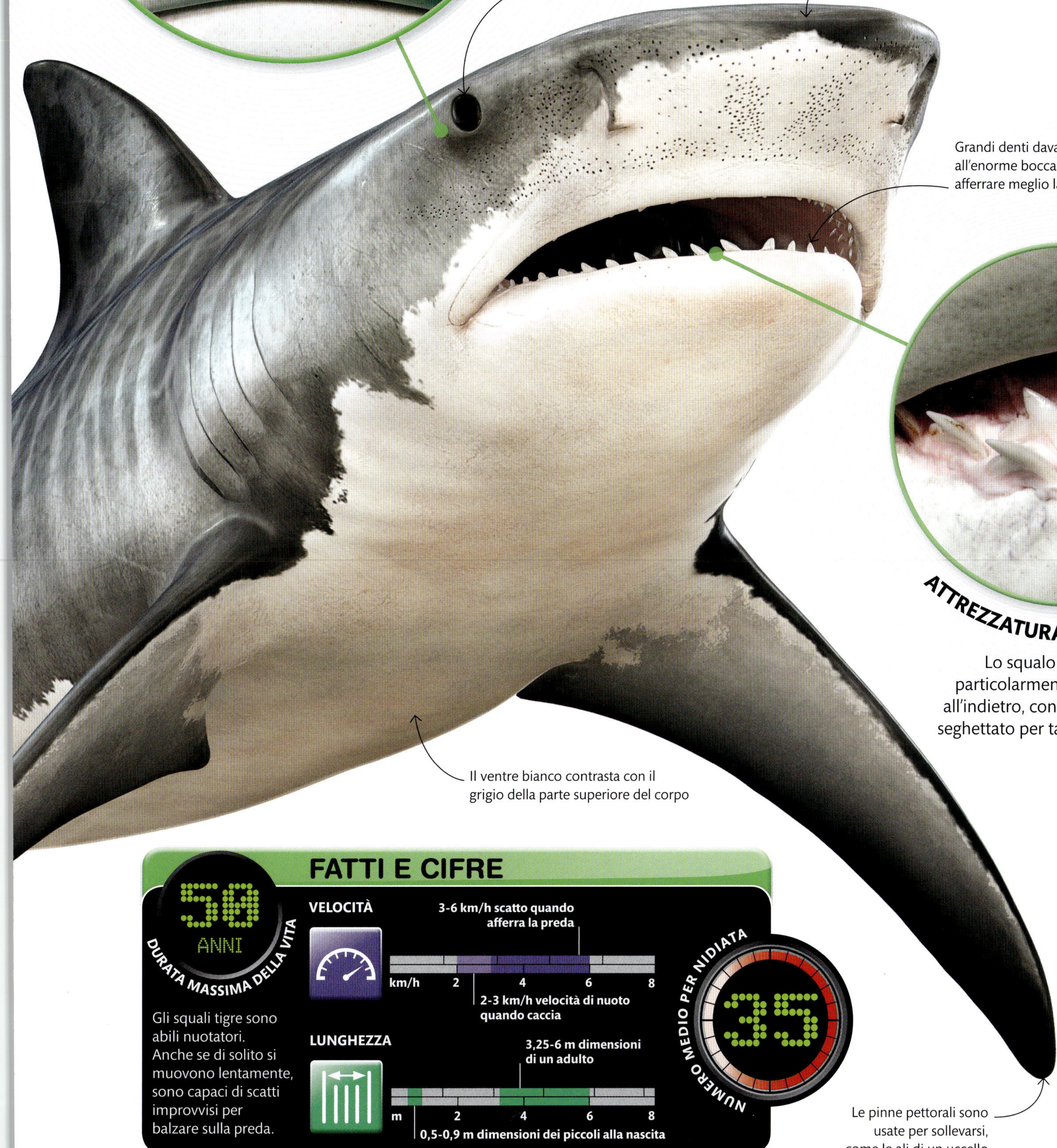

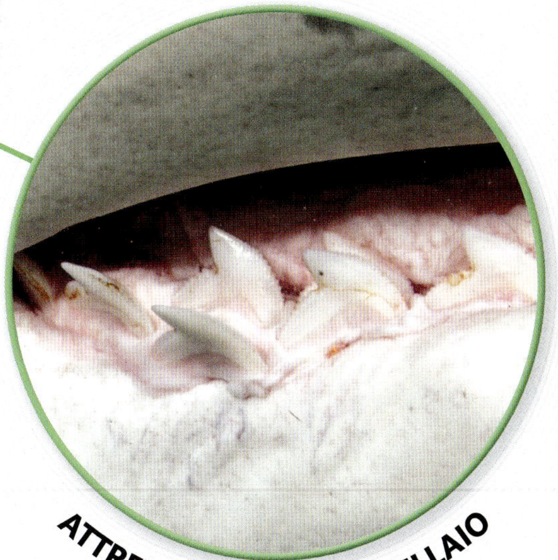

ATTREZZATURA DA MACELLAIO

Lo squalo tigre ha denti particolarmente grossi e curvati all'indietro, con un bordo affilato e seghettato per tagliare pelle e carne.

FATTI E CIFRE

50 ANNI
DURATA MASSIMA DELLA VITA

Gli squali tigre sono abili nuotatori. Anche se di solito si muovono lentamente, sono capaci di scatti improvvisi per balzare sulla preda.

VELOCITÀ (km/h: 2, 4, 6, 8)
- 3-6 km/h scatto quando afferra la preda
- 2-3 km/h velocità di nuoto quando caccia

LUNGHEZZA (m: 2, 4, 6, 8)
- 3,25-6 m dimensioni di un adulto
- 0,5-0,9 m dimensioni dei piccoli alla nascita

35
NUMERO MEDIO PER NIDIATA

"Gli squali tigre **mangiano più uomini** degli **squali bianchi**."

SICUREZZA INNANZITUTTO

Molti squali si affidano alla vista per cacciare, quindi devono proteggere gli occhi quando attaccano una preda, poiché anche il più piccolo e fragile pesce può infliggere una ferita dolorosa. Nel momento dell'assalto sugli occhi dello squalo tigre scende automaticamente una membrana protettiva, che impedisce alla preda che si dimena di danneggiarli. Molti altri squali che non ne sono dotati, quando si scagliano sulla preda ruotano gli occhi all'indietro nelle orbite.

OCCHI A RIGHE

Le bande sugli occhi del gambero mantide sono in realtà file di sensori diversi. Ogni tipo di sensore è in grado di individuare un movimento e vari colori, oltre che luci di lunghezza d'onda a noi invisibili.

"Gli occhi del gambero mantide sono indipendenti l'uno dall'altro."

OCCHI STRAORDINARI

IL GAMBERO MANTIDE

I gamberi mantide hanno bisogno di vederci bene perché per schiacciare e infilzare la preda con le rapidissime chele devono saper giudicare da lontano come colpirla e ucciderla. Nel mondo luminoso e scintillante della barriera corallina, pieno di colori e di superfici riflettenti, la confusione è tanta. Alcune creature hanno persino gusci trasparenti e sono difficili da distinguere. Gli occhi del gambero mantide, provvisti di molti tipi di sensori, riescono ad adattarsi a tutte le situazioni.

COLPO D'OCCHIO

- **LUNGHEZZA** Fino a 35 cm, secondo le specie
- **HABITAT** Fondi marini fangosi, sabbiosi e ghiaiosi e barriere coralline, in acque costiere basse
- **DISTRIBUZIONE** In tutto il mondo, ma soprattutto ai tropici
- **DIETA** Chiocciole, pesci, granchi e gamberi

FATTI E CIFRE

I vari tipi di sensori oculari riescono a distinguere i colori. I gamberi mantide hanno 4 volte più sensori degli uomini.

VISTA

12 recettori cromatici (gambero mantide)

0 — 5 — 10 — 15

3 recettori (uomo)

DIAMETRO DELL'OCCHIO

0,5-1,75 cm

cm 0,5 — 1 — 1,5 — 2 — 2,5

ROTAZIONE DEGLI OCCHI

90°

VILE ASSASSINO

LO SQUALO SETTE BRANCHIE NASO LARGO

Le acque marine che si immettono in foci fangose di fiumi sono molto torbide e in queste condizioni parecchi predatori hanno difficoltà a cacciare. Lo squalo sette branchie naso largo, invece, si trova proprio a suo agio e si muove furtivamente senza essere visto. Caccia grandi prede, fra cui delfini e altri squali. Non avendo resistenza, si avvicina il più possibile alla vittima e poi l'attacca da dietro con uno scatto; a volte caccia in gruppo per prendere le prede di sorpresa.

"Questo squalo **mette fuori la testa** dall'acqua per **vedere le prede** vicine alla superficie."

COLPO D'OCCHIO

- **LUNGHEZZA** 2,2-3 m
- **HABITAT** Acque costiere, baie ed estuari, spesso acque torbide
- **DISTRIBUZIONE** Coste del Nord America occidentale, Sud America, Sud Africa e Pacifico occidentale
- **DIETA** Pesci, compresi altri squali, foche, delfini e carogne

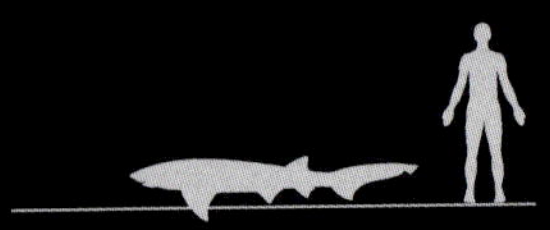

FATTI E CIFRE

VELOCITÀ

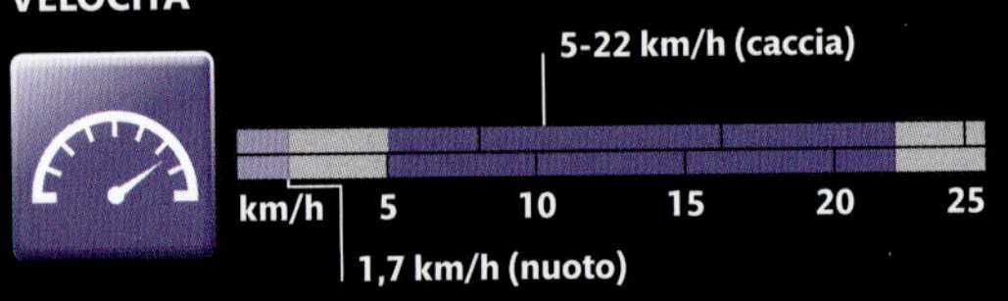

Questo squalo trascorre gran parte del tempo a vagare lentamente, ma quando attacca è rapidissimo.

PROFONDITÀ DI NUOTO

CORPO INTONATO

Il dorso grigio dello squalo sette branchie naso largo lo armonizza con le acque torbide dei suoi territori di caccia. A differenza di molti altri squali, che hanno 5 branchie, ne ha 7.

TATTICHE ELETTRICHE

LE TORPEDINI

Le torpedini hanno l'aspetto di innocui pesci piatti ma possiedono una straordinaria arma segreta. Ai lati del corpo sono inseriti 2 organi elettrici che possono emettere una scossa elettrica nell'acqua circostante. La razza li usa per folgorare le prede, ma in caso di necessità se ne serve anche per proteggersi dai pericoli.

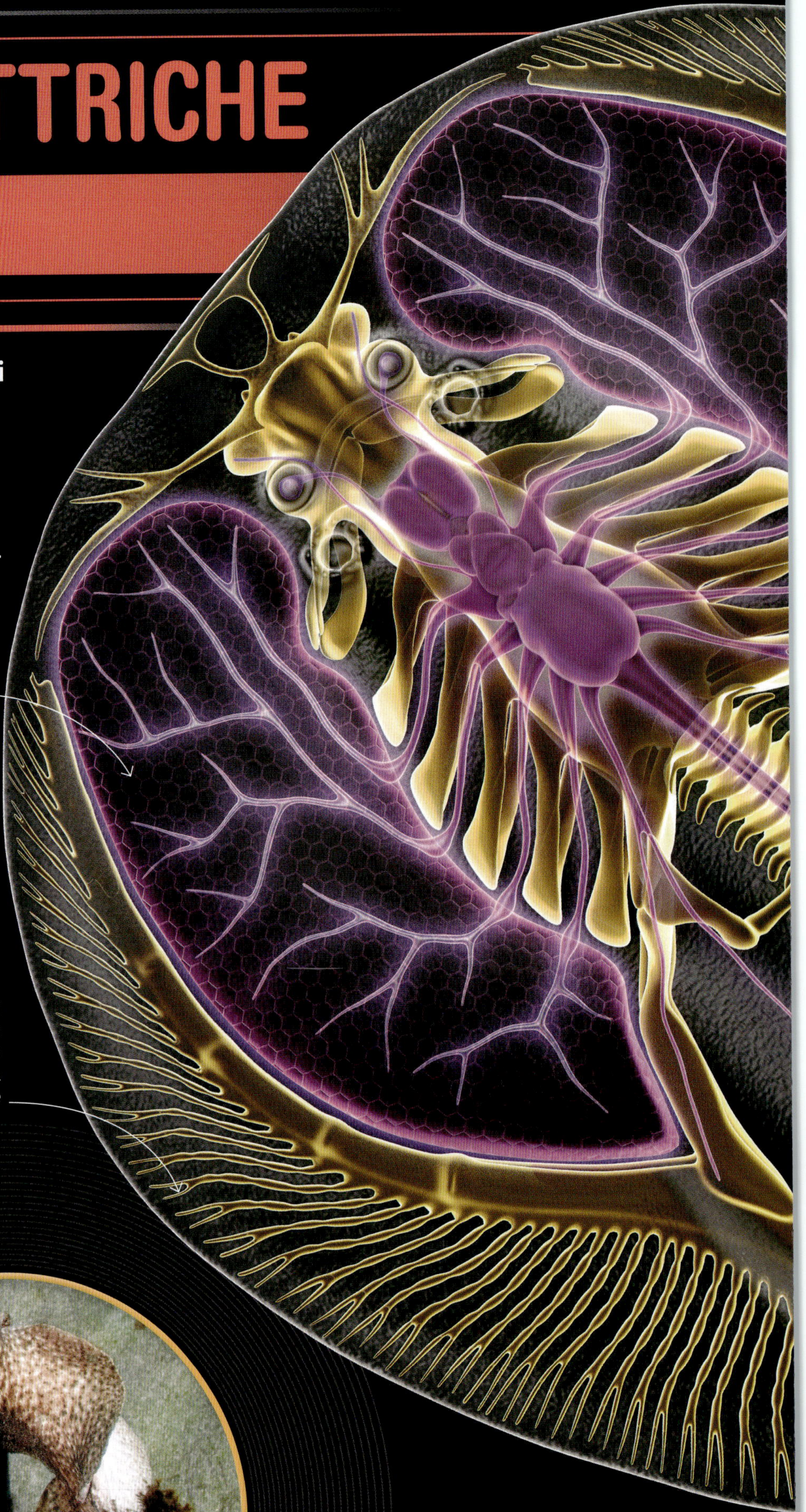

Organo elettrico a forma di rene

Le pinne pettorali sono simili ad ali e circondano il corpo dandogli una forma piatta, discoidale

COLPO D'OCCHIO

- **LUNGHEZZA** 50-180 cm; diametro 30-100 cm
- **HABITAT** Acque aperte o vicino alle coste. Le giovani razze vivono in acque meno profonde, su sabbia, fango o barriere coralline
- **DISTRIBUZIONE** In tutto il mondo in mari caldi e tropicali
- **DIETA** Piccoli pesci

NEMICI FOLGORATI

Se qualcuno le afferra la coda, la torpedine incurva il dorso e rivolge all'aggressore il ventre bianco, scaricandogli una scossa sul muso.

Quando il corpo si incurva la scossa è diretta verso l'esterno invece che verso il basso

Tattica straordinaria

Gli organi elettrici delle torpedini sono sotto diretto controllo del cervello. Appena individuata l'ignara preda, le volteggiano sopra e poi l'avvolgono e l'annientano con una scarica elettrica. Il pesce, tramortito, viene ingoiato intero.

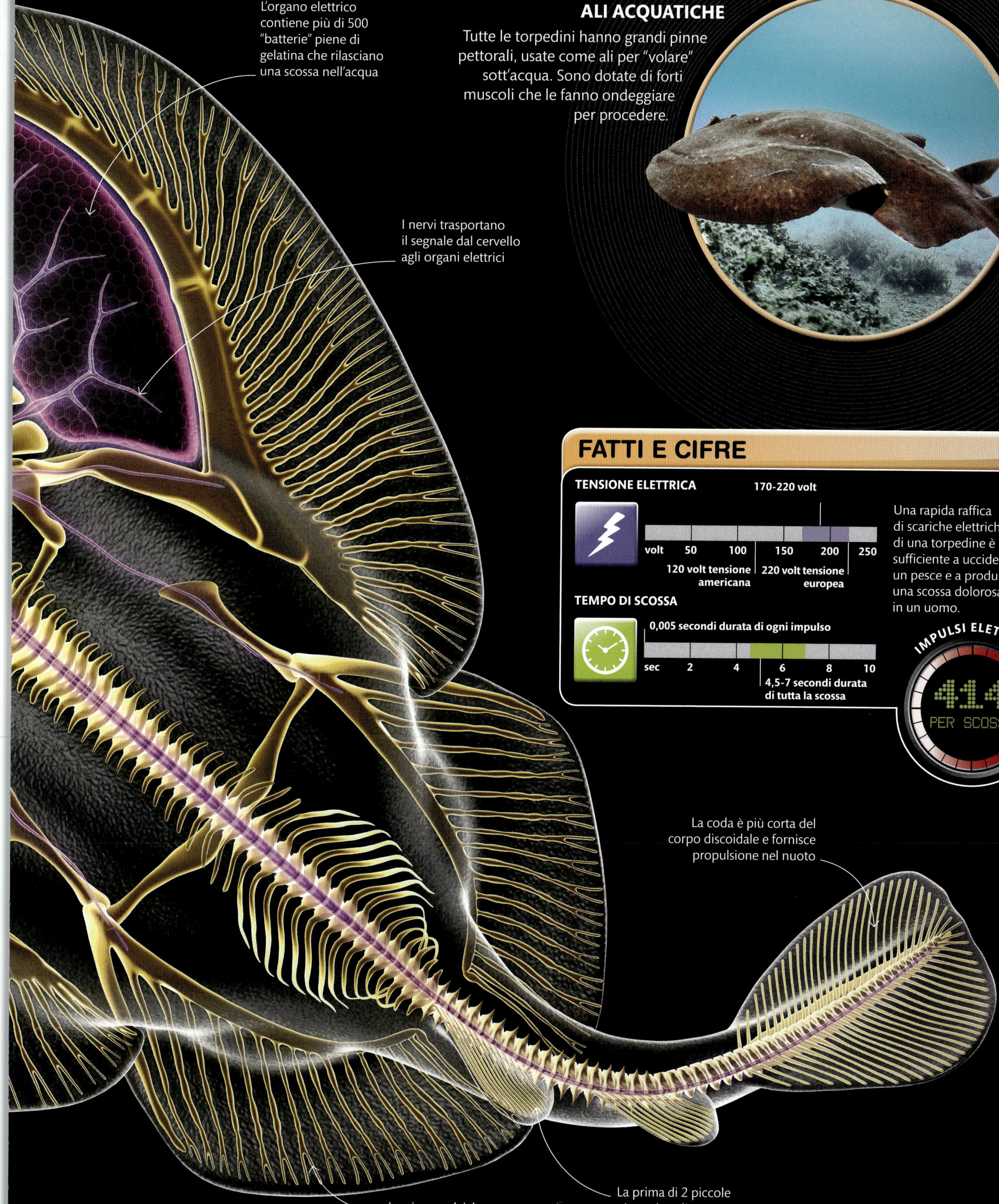

ALI ACQUATICHE

Tutte le torpedini hanno grandi pinne pettorali, usate come ali per "volare" sott'acqua. Sono dotate di forti muscoli che le fanno ondeggiare per procedere.

FATTI E CIFRE

TENSIONE ELETTRICA

170-220 volt

volt 50 100 150 200 250

120 volt tensione americana

220 volt tensione europea

TEMPO DI SCOSSA

0,005 secondi durata di ogni impulso

sec 2 4 6 8 10

4,5-7 secondi durata di tutta la scossa

Una rapida raffica di scariche elettriche di una torpedine è sufficiente a uccidere un pesce e a produrre una scossa dolorosa in un uomo.

IMPULSI ELETTRICI

414

PER SCOSSA

ASPETTANDO LA PREDA

Gli squali toro non solo collaborano per rendere la caccia più efficiente, ma possono stazionare immobili in acqua. Per dare al corpo maggiore galleggiabilità inghiottono aria in superficie.

BANCO MORTALE

LO SQUALO TORO

Gli squali si raccolgono ovunque ci sia possibilità di mangiare; gli squali toro invece hanno l'abitudine di cacciare insieme per avere maggiori opportunità. Molti nuotano attorno a un banco di pesci, fino a circondarlo e poi si avvicinano in modo da stringere le prede e compattare il banco. A quel punto ingoiano ricchi bocconi ogni volta che vi si tuffano dentro, non disdegnando altri squali o razze "infiltrati" nel banco.

COLPO D'OCCHIO

- **LUNGHEZZA** 2,75 m-3,2 m
- **HABITAT** Acque costiere calde e tropicali, comprese barriere coralline e baie poco profonde
- **DISTRIBUZIONE** In tutto il mondo vicino alle coste, tranne nel Pacifico orientale
- **DIETA** Pesci, compresi squali più piccoli e razze, calamari, granchi e aragoste

FATTI E CIFRE

Gli squali toro cacciano in acque costiere calde e trascorrono i mesi invernali più freddi vicino all'equatore.

PROFONDITÀ DI NUOTO

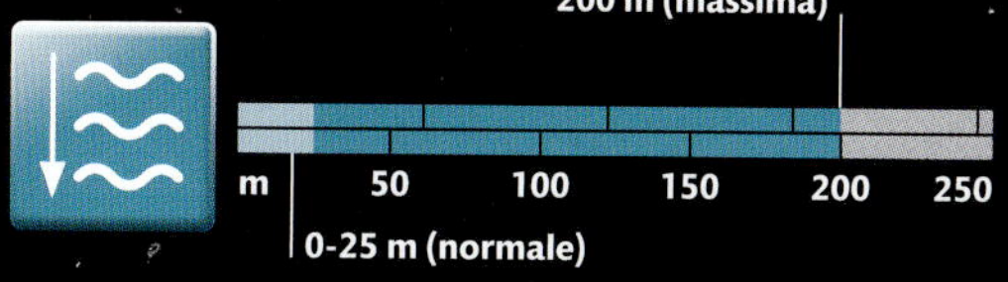

DURATA DELLA VITA

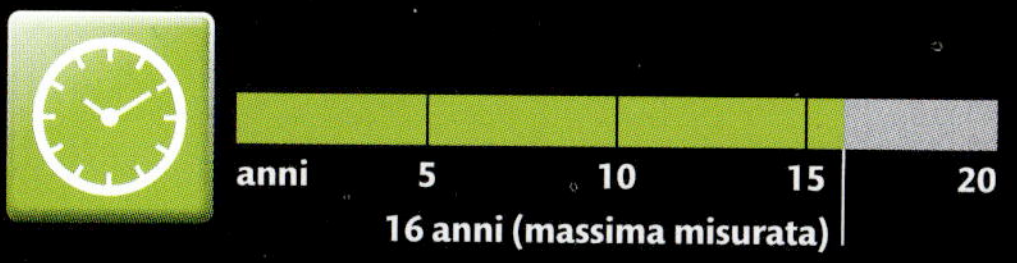

"Gli squali toro, anche se sembrano **feroci**, preferiscono **tenersi lontano** dagli **uomini**."

SORRISO SPAVENTOSO

Lo squalo toro ha un ghigno pieno di denti, più di qualsiasi altro squalo, e un aspetto decisamente minaccioso. Ha i denti rivolti all'infuori e nuota con la bocca leggermente aperta. Sui denti di alcuni squali crescono minuscoli animali, detti idroidi, forse in periodi di penuria di cibo. Alcuni scienziati pensano che le femmine di squalo toro smettano di cacciare quando sono gravide.

SINTONIZZATO SUI SUONI

LO SQUALO SETA

A volte è difficile procurarsi un pasto decente nell'immensità dell'oceano. Gli squali seta riconoscono i suoni a bassa frequenza, riuscendo a individuare rumori di fondo più bassi di una grancassa. Un rombo significa che nelle vicinanze si svolge un banchetto, che ci sono gruppi di squali in frenesia alimentare riuniti per cacciare, azzannare e uccidere prede. Molti squali avvertono la presenza di sangue nell'acqua; gli squali seta, invece, sono attirati dal rumore di altri squali che mangiano e si uniscono a loro.

COLPO D'OCCHIO

- **LUNGHEZZA** 2,3-3,3 m
- **HABITAT** Acque calde, soprattutto aperte, spesso vicino a isole; gli squali giovani vivono in acque più vicine alla costa
- **DISTRIBUZIONE** In tutto il mondo in mari tropicali
- **DIETA** Pesci e calamari

FATTI E CIFRE

INTERVALLO DI UDITO 10-1.000 Hz (squalo seta)

Hz 5.000 10.000 15.000 20.000

Hz 5.000 10.000 15.000 20.000

20-20.000 Hz (uomo)

Gli squali seta percepiscono più suoni bassi (più profondi) degli uomini e li utilizzano per cacciare in mare.

DISTANZA DI RICONOSCIMENTO DEL SUONO

m 100 200 300 400 500

Massimo 125-400 m

TONO CHE PIÙ LI ATTIRA

10-20 Hz

NUOTATORE LEVIGATO

Gli squali seta prendono il nome dalla loro pelle liscia. Hanno meno sporgenze, e più compatte, rispetto ad altri squali dalla pelle ruvida.

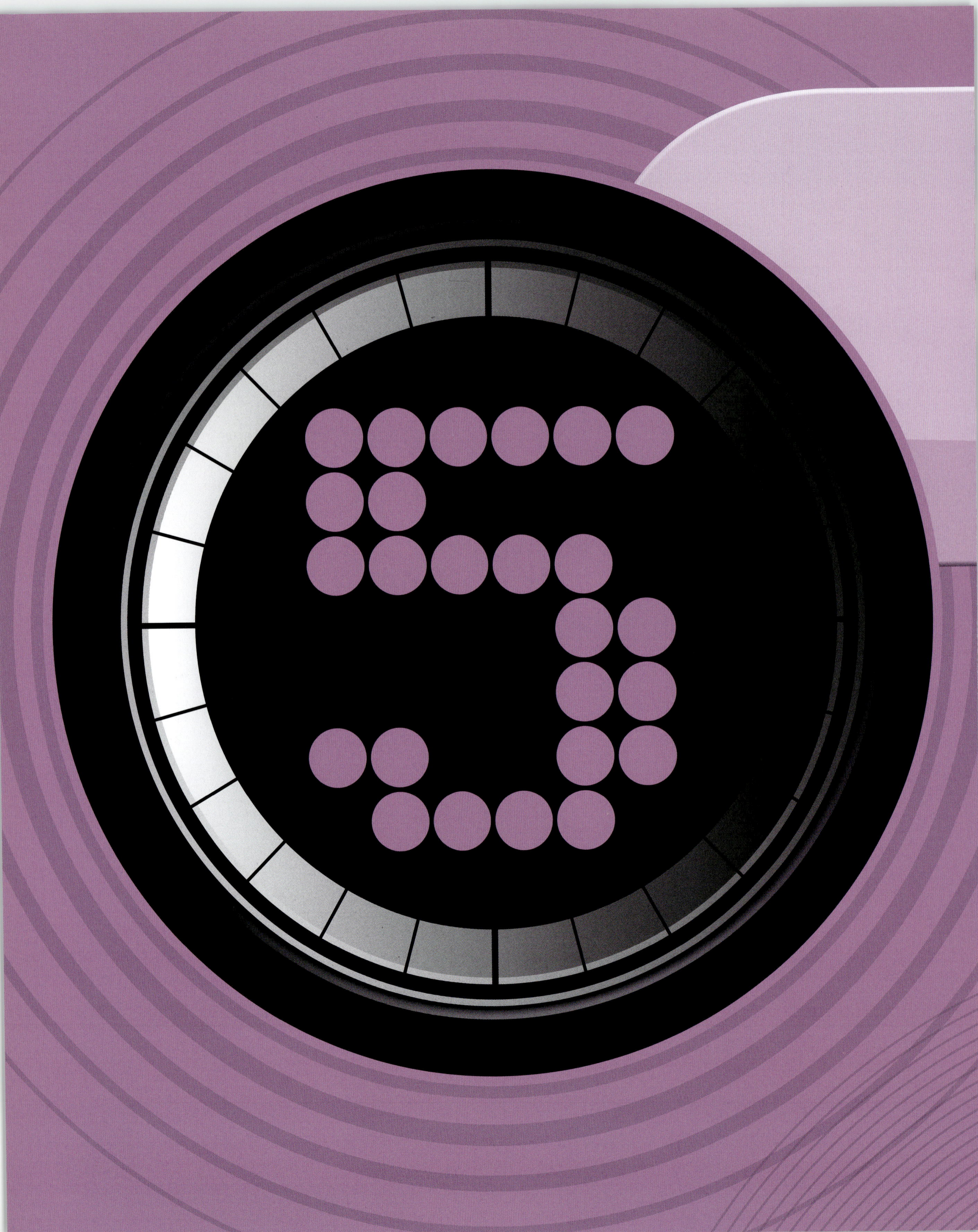
5

ESPLORANDO GLI ABISSI

Gli oceani sono l'ultima grande parte inesplorata del nostro pianeta. Poco sappiamo su cosa si trova sotto la superficie, quante specie vi sono e come vivono. Ci si può solo immergere per vederli da vicino, anche se alcuni animali marini fanno davvero paura.

GLI ABISSI MARINI

I continenti sono circondati da distese di sporgenze rocciose che si immergono nel mare profondo. Man mano che cresce la profondità, aumentano l'oscurità e la pressione. Le acque superficiali sono ghiacciate ai poli e più calde all'equatore, ma sotto sono sempre fredde. Molti animali marini vivono a determinate profondità mentre alcuni si spostano da una zona all'altra.

MIGRAZIONE VERTICALE

I minuscoli animali del plancton, in balia delle correnti, si riuniscono a varie profondità. Molti evitano la luce e salgono in superficie di notte per poi immergersi durante la giornata. I predatori filtratori, come il grosso squalo elefante, devono nuotare su e giù per inseguire il cibo.

Gli squali del reef caraibico gironzolano su campi di zostera

LA ZONA EPIPELAGICA

I predatori veloci con buona vista cacciano vicino alla superficie illuminata del mare. Alcuni vivono vicino alla costa, nelle barriere coralline o in campi di zostera, altri preferiscono vagare in mare aperto.

Nella zona

La superficie dell'oceano colpita dalla luce del sole è piena di vita, ricca e colorata, ma vi sono animali, meno numerosi e più strani, che vivono a profondità maggiori. Gli animali abissali hanno adattamenti speciali per sopravvivere al freddo e al buio.

Gli squali frangiati vanno a caccia di calamari nel buio della zona mesopelagica

LA ZONA MESOPELAGICA

Qui la luce è troppo tenue perché crescano le alghe, ma è sufficiente per gli animali. Gli squali frangiati, raramente visibili, si aggirano a queste profondità insieme a pesci che producono luce propria.

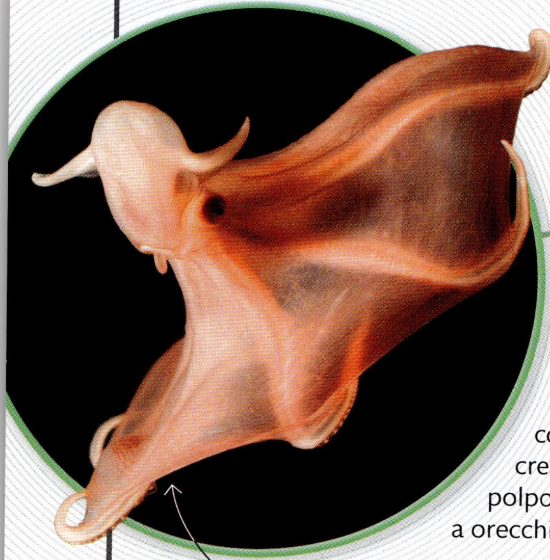

Questo polpo abissale usa i tentacoli dotati di rete per avvolgere le prede

LA ZONA BATIPELAGICA

A maggiori profondità c'è l'oscurità perpetua. Qui vivono pesci dalla pelle nera, predatori con grandi bocche e molte creature bizzarre, come il piccolo polpo arancio, con pinne simili a orecchie e una rete fra i tentacoli.

Lo stomaco estensibile di un inghiottitore nero può conservare la preda 2 volte più a lungo della vita del pesce

LA ZONA ABISSOPELAGICA

Molti animali che vivono nelle parti più profonde del mare mangiano pezzetti di animali morti che cadono dalll'alto. L'inghiottitore nero, invece, va a caccia di prede vive; inghiotte lentamente la vittima intera, avvolgendola stretta nel suo stomaco a sacca. In tal modo può sopravvivere a lungo senza mangiare altro.

Per adattarsi alla forte pressione idrica, gli animali che vivono qui hanno corpi molli e scheletri flessibili

Le fosse oceaniche sono le parti più profonde dell'oceano e vi esistono poche forme di vita. Alcune sono state visitate dall'uomo con i sommergibili

DALLA LUCE AL BUIO

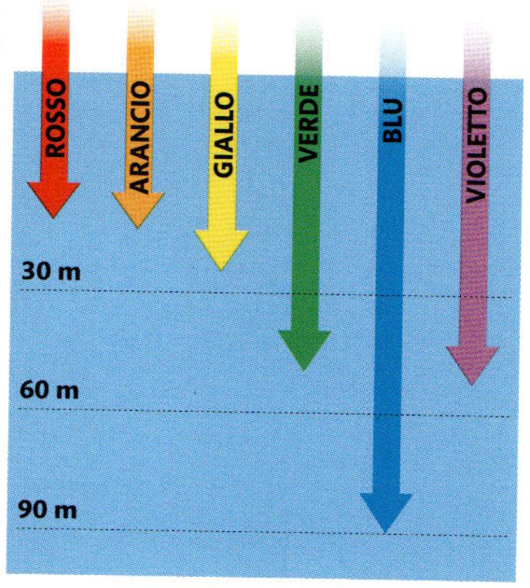

Per i vegetariani del mare, il cibo è costituito da enormi quantità di piccole alghe verdi. Queste, per essere commestibili, hanno bisogno di luce solare, formata da diversi colori. Molte preferiscono l'energia della luce rossa, che però non raggiunge grandi profondità, e quindi devono vivere vicino alla superficie. La luce blu penetra di più ed è quella che dà il colore al mare. Nessuna luce raggiunge profondità superiori a 1.000 m.

VITA DI COMUNITÀ

LA BARRIERA CORALLINA

Le barriere coralline sono più ricche di vita di qualsiasi altro habitat marino. Vi crescono centinaia di tipi diversi di coralli, che si scaldano al sole dei tropici, e forniscono l'ambiente ideale per migliaia di chiocciole, pesci e altri animali. Qui vivono creature che brucano i coralli e predatori sempre in cerca di cibo. Alcuni animali si associano fra loro per aiutarsi a sopravvivere.

GIARDINO SOTTOMARINO

Un reef tropicale è variopinto come un vero giardino. Il fondo del mare è tappezzato da una straordinaria varietà di coralli, alghe e spugne. Spesso le barriere coralline, brulicanti di vita, sono chiamate foreste pluviali del mare.

ALLEANZA PROFICUA

Alcuni animali si aiutano a vicenda per semplificarsi la vita. Questo gambero strappa pezzi di cibo dalla bocca di una murena: le pulisce i denti e nello stesso tempo si procura un pasto.

Le murene forniscono facili bocconcini a gamberi affamati

TERRITORIO DI CACCIA

Gli squali del reef hanno a disposizione così tante prede che non devono spostarsi per soddisfare il loro grosso appetito. Molti riescono persino a entrare in fessure di scogli per afferrare pesci che vi si nascondono.

FATTI E CIFRE

DIMENSIONI

600.000 km² superficie totale di barriere coralline sul pianeta

km² 200.000 400.000 600.000

358.000 km² Grande Barriera Corallina

GRANDE BARRIERA CORALLINA

400 specie di coralli

1.500 specie di pesci

La Grande barriera corallina, a nord dell'Australia, è il reef più esteso del mondo; è visibile persino dallo spazio. Ogni anno vi si scoprono nuove specie di pesci.

SPECIE DI SQUALI DI REEF

120

UNA LUCE NELLE TENEBRE

I sommergibili moderni hanno un equipaggio di 3 persone e sono abbastanza agili da esplorare molte zone degli oceani. Per avere una visione più chiara possibile sono dotati di grandi oblò e di una fonte di luce.

SEMPRE PIÙ GIÙ

I SOMMERGIBILI

Nel 1960 un sommergibile in grado di immergersi a grandi profondità portò un equipaggio di 2 uomini in una fossa dell'Oceano Pacifico profonda circa 11 km. Attualmente nessuno ha superato questa profondità ma in tutto il mondo alcuni sommergibili hanno completato centinaia di esplorazioni degli abissi; sono rinforzati per sostenere l'alta pressione e permettere studi scientifici.

FUMAROLE ABISSALI

Gli scienziati che hanno partecipato alla spedizione del famoso sommergibile *Alvin* sono stati i primi a vedere gli strani animali che vivono attorno a sorgenti idrotermali calde sottomarine, dette fumarole nere.

Il braccio del robot di *Alvin* misura la temperatura di una sorgente

L'ATTREZZATURA

Le moderne mute di alluminio leggero permettono ai subacquei di andare sempre più in profondità, ma non sono resistenti come un sommergibile con equipaggio.

FATTI E CIFRE

I sommergibili hanno portato l'uomo in fondo agli oceani. Si immergono più delle balene, mammiferi che raggiungono profondità abissali.

PROFONDITÀ

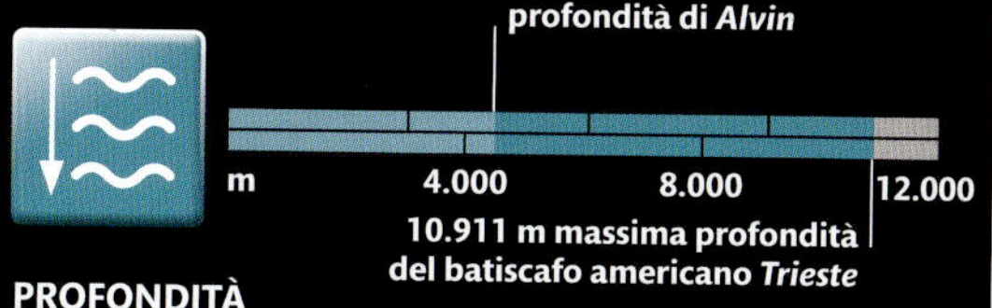

PROFONDITÀ DI IMMERSIONE

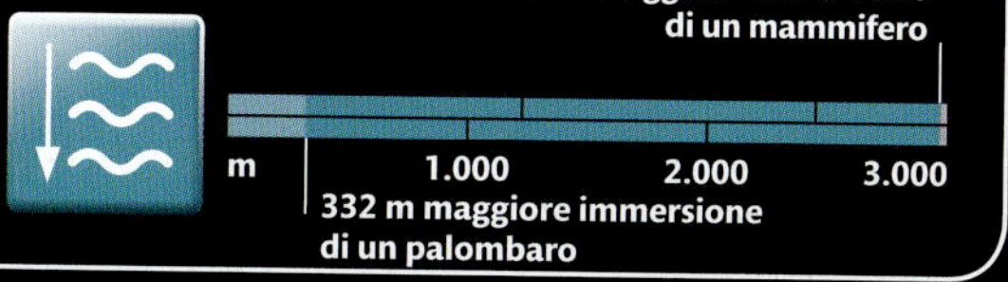

TES

SEMPRE PIÙ VICINO

LE IMMERSIONI

Apneisti allenati riescono a trattenere il respiro sott'acqua per molti minuti, ma con l'attrezzatura giusta ci si può stare più di un'ora. I subacquei usano bombole di aria compressa, somministrata attraverso un boccaglio. L'equipaggiamento adatto permette a persone comuni di immergersi per divertimento e agli scienziati di passare più tempo a studiare la vita marina direttamente in acqua.

DIETRO LE SBARRE

L'unico modo sicuro di avvicinarsi agli squali bianchi è proteggersi con una gabbia. Le sbarre sono abbastanza robuste da resistere alla forza degli squali che vi si avventano contro.

Un carcarino accetta un bocconcino gustoso da un subacqueo con guanti di metallo

ORA DEI PASTI

Alcuni squali predatori si fanno avvicinare e accettano persino pezzi di cibo da subacquei prudenti e rispettosi.

NUOTARE CON I GIGANTI

Lo squalo più grande del mondo, lo squalo balena, è un innocuo filtratore. Di solito sta così vicino alla superficie che chi fa snorkeling gli può nuotare accanto.

CIAK, SI GIRA!

Le riprese sottomarine non sono facili. Bisogna avere cineprese a tenuta d'acqua e fari per illuminare i mari profondi. La parte più complicata è far "recitare" i protagonisti in modo che le inquadrature siano perfette.

NASCOSTI NEGLI ABISSI

I RELITTI

Sul fondo di tutti i mari del mondo ci sono circa 3 milioni di relitti, i più antichi dei quali sono lì da oltre 3.000 anni. Le navi affondano per incidenti e l'acqua fredda e salata impedisce loro di decomporsi. Presto sono colonizzate da creature marine, come coralli e pesci. Con il passare del tempo vengono ad abitarci molte altre specie, finché il nuovo habitat è frequentato da ogni tipo di vita marina.

Gli squali vanno in cerca di facili prede

RICCHE SCELTE

La grande varietà di creature che si insedia su una nave affondata attira i grandi predatori. Gli squali di reef pattugliano i relitti più antichi, che ospitano animali più piccoli.

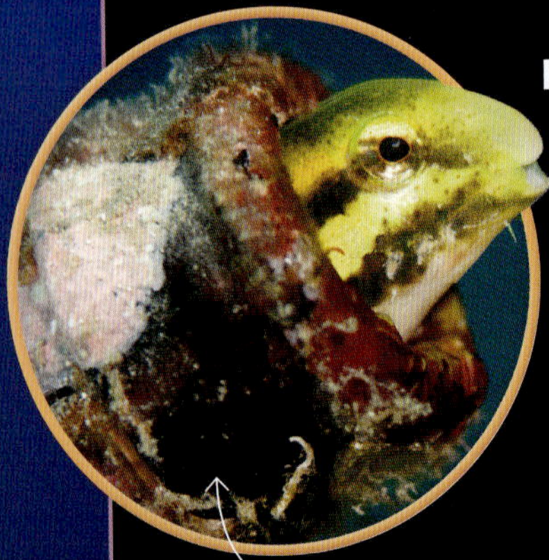

Una vecchia bottiglia è una casa sicura

PARADISO SICURO

Un relitto dà rifugio ad animali marini, nascondendoli a predatori più grandi. Gli animali li usano come userebbero caverne naturali e fessure di scogli.

STUDI AMBIENTALI

I biologi marini studiano come avviene la colonizzazione dei relitti; gli archeologi se ne servono per scoprire come vivevano e come navigavano gli uomini dell'antichità.

INSEDIAMENTO
Anemoni, denti di cane e oloturie sono fra i primi animali a insediarsi in una nave affondata. Dopo un anno o due iniziano a comparire i coralli, che trasformano il relitto in un reef artificiale.

DISCESA NELL'OSCURITÀ

IL FONDO DEL MARE

La superficie dell'oceano è luminosa, mossa dalle onde e calda ai tropici. Più l'acqua è profonda meno arrivano raggi di sole: è sempre buio e freddo come dentro un frigorifero. La parte più abissale del mare ospita alcuni degli animali più strani del pianeta. Il cibo è così scarso che i pesci nuotano lentamente per conservare energia. Qualsiasi cosa si avvicini è un potenziale pasto, anche se è molto più grosso.

UNA LUCE NEL BUIO

Molti animali abissali hanno organi speciali o chiazze della pelle che producono luce. Lampeggiano per farsi riconoscere da un partner o per attirare una preda.

Vermi tubo giganti, granchi e pesci vivono sul fondale in prossimità di sorgenti idrotermali calde

CALORE DELLA VITA

Alcune parti del fondo marino presentano pieghe di origine vulcanica che emettono acqua bollente. Qui gli animali sopravvivono alle alte temperature nutrendosi delle sostanze chimiche disciolte nell'acqua.

Cappuccio simile a una bocca che si chiude a scatto quando vi entra del cibo

SOTTO PRESSIONE

Alcuni animali, come questo tunicato predatore, vivono fissati al fondo del mare. Agguantano con le "mascelle" minuscoli animali trasportati dalla corrente e, come altri animali abissali, hanno un corpo molle che sopporta l'alta pressione dell'acqua.

FANTASMA DEGLI ABISSI

Questo squalo fantasma vive bene vicino alla costa, ma talvolta scende in acque molto più profonde e buie, dove passa il tempo nuotando lentamente lungo il fondo in cerca di prede lente come lui. Il suo olfatto raffinato e la sua abilità di individuare campi elettrici lo aiutano a cercare nell'oscurità.

AMICI DA AIUTARE

I lamantini sono mammiferi lenti e a volte rimangono feriti in collisioni con navi; inoltre subiscono danni per l'inquinamento. Per cercare di tutelarli gli scienziati ne tengono sotto controllo il numero.

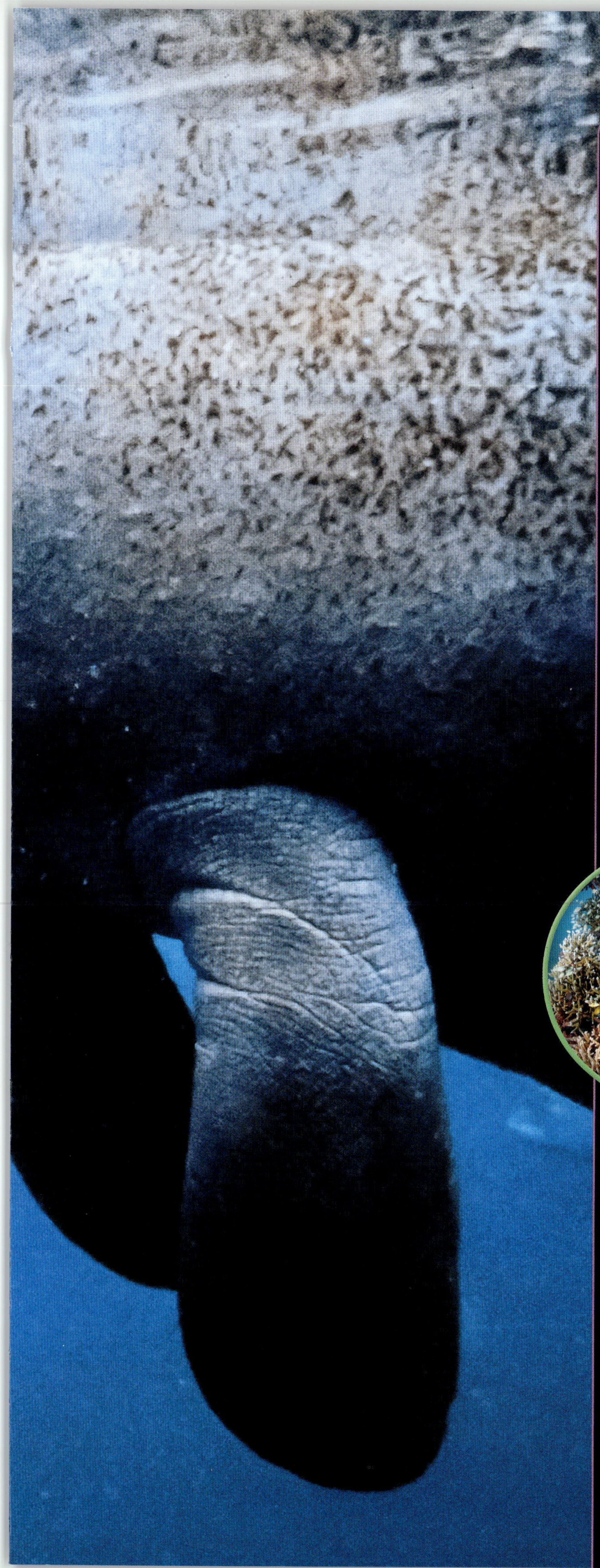

SOTTO CONTROLLO

PROTEGGERE IL MARE

Gli oceani sono così vasti che sembrerebbero non avere confini di tempo e di spazio. In realtà la pesca di alcuni animali ne ha ridotto notevolmente il numero, i rifiuti della terraferma inquinano l'acqua e le creature marine sono in pericolo per i cambiamenti climatici. In tutto il mondo si sta studiando il mare e cercando di proteggere gli animali che lì vivono e di impedirne l'estinzione.

Sistema di tracciamento radio sul guscio di una tartaruga

CONTROLLO DEGLI SPOSTAMENTI

Gli scienziati riescono a seguire i percorsi degli animali su cui hanno posizionato sensori di tracciamento. In questo modo proteggono le specie che, per sopravvivere, dipendono da certi habitat.

TRAPIANTO DI REEF

Per ricostituire reef che sono stati distrutti vengono usate reti speciali, "seminate" con frammenti di corallo. Questo stimola la crescita di nuove barriere coralline come habitat per la fauna marina.

FATTI E CIFRE

Gli scienziati stanno ancora scoprendo nuovi tipi di vita marina. Probabilmente nel mare vivono almeno un milione di specie.

NUMERO DI SPECIE DESCRITTE OGNI ANNO

NUMERO DI SPECIE DI PESCI

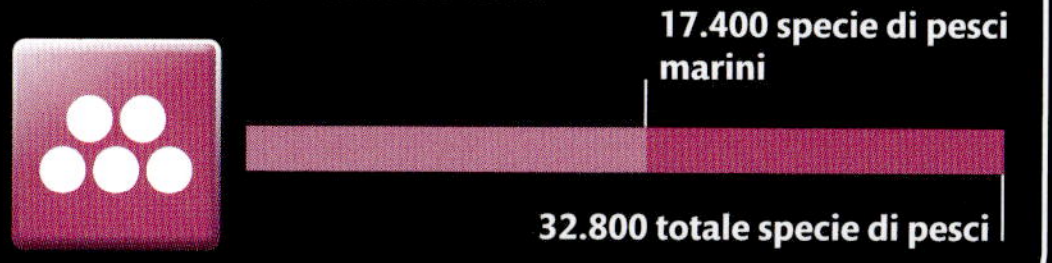

GLOSSARIO

A SANGUE CALDO
Animale in grado di mantenere costante la temperatura corporea, indipendentemente da quella dell'ambiente circostante. Tutti i mammiferi marini e alcuni squali sono a sangue caldo.

A SANGUE FREDDO
Animale la cui temperatura corporea dipende da quella ambientale. Il controllo della temperatura avviene spostandosi da una zona più calda a una più fredda, secondo la necessità.

ABISSI
Gli abissi, o abisso pelagico, sono la parte più profonda degli oceani e raggiungono i 4.000-6.000 m di profondità. Sono totalmente oscuri e freddi e pochi animali riescono a viverci.

ALGHE
Gruppo di piante semplici che comprende microscopico plancton verde e enormi alghe pluricellulari, come il kelp.

ALTEZZA
Frequenza di un suono, che può essere acuto o grave.

APERTURA BOCCALE
Ampiezza della bocca o delle valve di un animale marino.

BANCO DI PESCI
Grande numero di pesci che nuotano insieme.

BARBIGLIO
Parte del corpo usata per percepire o toccare cose, specialmente cibo.

BARRIERA CORALLINA
Rilievo di coralli frastagliati, scogli o sabbia, appena sopra o sotto la superficie del mare.

BIOLUMINESCENZA
Produzione di luce da parte di animali. Può essere usata per attirare un partner, mimetizzarsi o come diversivo, per catturare una preda o per comunicare. Si forma per una reazione chimica nel corpo dell'animale.

BRANCHIE
Strutture usate da pesci e altri animali acquatici per ottenere ossigeno dall'acqua. Di solito sono pari e ripuliscono il sangue dall'anidride carbonica.

CAMINO IDROTERMALE
Fessura del fondo del mare che emette acqua molto calda ricca di sali minerali. Spesso i camini sono abitati da particolari colonie di animali che sopravvivono in condizioni ostili.

CANINO
Dente appuntito, spesso più grosso nei carnivori, usato per lacerare il cibo. I canini superiori di trichechi e narvali si sono così allungati da diventare zanne.

COLONIA
Gruppo di animali che vive insieme, a stretto contatto, spesso in dipendenza reciproca. I coralli vivono in colonie.

CORALLI
Animali a corpo molle che vivono in gruppi numerosi, o colonie, di solito in mari caldi e poco profondi. Per proteggersi secernono una sostanza che si indurisce come pietra attorno al corpo.

CROSTACEO
Animale, come un gambero, un granchio o un'aragosta, con un carapace esterno duro e 4 o più paia di zampe. Per crescere subisce varie mute del carapace.

DECIBEL
Unità di misura dell'intensità o altezza di un suono. Il silenzio totale è appena sopra 0 decibel (dB).

ECHINODERMA
Invertebrato marino con scheletro esterno calcareo e canali radiali, come una stella marina o un riccio di mare.

ELETTRORECEZIONE
Capacità di un animale acquatico di individuare un campo o corrente elettrici. Viene usata per riconoscere oggetti o per comunicare.

ESEMPLARE GIOVANE
Animale non ancora in grado di riprodursi.

ESOMBRELLA
Corpo a forma di ombrello di una medusa.

ESTUARIO
Foce di un grande fiume, nel punto in cui si unisce al mare. La quantità di sale nell'acqua dipende dalle maree.

FILTRATORE
Animale che si nutre filtrando il plancton o piccole particelle di cibo sospese in acqua.

FOSSA OCEANICA
Canyon molto profondo sul fondo dell'oceano. La temperatura è quasi 0° e la pressione enorme. Solo pochi animali vi possono sopravvivere.

FRENESIA ALIMENTARE
Quando un gruppo di predatori, come squali o pesci spada, si riuniscono per raccogliere e attaccare un banco di pesci. Spesso poche prede sopravvivono.

GALLEGGIAMENTO
Capacità di un organismo marino di stare a galla nell'acqua.

GESTAZIONE
Periodo, detto anche gravidanza, fra la fertilizzazione di un uovo e la nascita di un piccolo.

HERTZ
Unità di misura della frequenza di onde sonore. Un hertz equivale a un ciclo al secondo. Più la frequenza dei cicli è alta, più il suono è acuto.

INCUBATORI ORALI
Specie di pesci in cui un genitore tiene in bocca le uova che si sviluppano, fino alla schiusa. Durante questo periodo l'adulto non mangia.

INVERTEBRATO
Animale senza colonna vertebrale. Coralli, molluschi, stelle marine, meduse, gamberi e spugne sono invertebrati.

LARGHEZZA DEL DISCO
Termine usato per descrivere le dimensioni del corpo di un pesce, come una razza, dotato di "ali".

LARVA
Stadio giovanile di un animale, di cui la forma adulta è molto diversa. Molti animali marini trascorrono parte della loro vita sotto forma di larve, per esempio granchi, coralli e aragoste.

MAMMIFERO
Animale a sangue caldo dotato di peli, che nutre i piccoli con il latte. I mammiferi marini comprendono balene, delfini e foche.

MAREA
Livello del mare, che sale e scende 2 volte al giorno, provocato dall'attrazione del Sole e della Luna.

MEMBRANA
Sottile pezzo di tessuto flessibile, simile a pelle, che agisce da barriera.

MIGRAZIONE
Viaggio di ritorno che un animale compie ogni anno per raggiungere territori di cibo o riproduzione.

MIGRAZIONE VERTICALE
Sistema di spostamento di animali (e plancton) da acque più a meno profonde. Avviene ogni giorno o ogni stagione, anche in animali che trascorrono vari stadi della loro vita a profondità diverse.

MIMETIZZAZIONE
Colori e disegni sulla pelle di un animale che gli permettono di armonizzarsi con l'ambiente circostante.

MOLLUSCO
Animale invertebrato con corpo molle dotato di muscoli. A volte il corpo è ricoperto da un carapace duro. Appartengono ai molluschi chiocciole, vongole e lumache di mare.

MUTA
Perdita di uno strato esterno di pelle, o di conchiglia esterna, in modo che l'animale possa crescere. Avviene in certi periodi dell'anno o in particolari momenti del loro ciclo vitale.

NOTTURNO
Animale che dorme di giorno ed è attivo di notte.

NUTRIENTE
Sostanza che fornisce nutrimento vitale per la crescita e il mantenimento della vita.

OVOTECA
Involucro duro che circonda le uova fertilizzate di alcuni squali e razze. Protegge i piccoli durante lo sviluppo, finché non sono pronti a uscire.

PESCI PIATTI
Specie di pesci appiattiti che nuotano su un lato, sul fondo. Entrambi gli occhi sono dalla stessa parte della testa. Di questo gruppo fanno parte platesse, sogliole e halibut.

PINNA DORSALE
Pinna spaiata, eretta, sul dorso di un pesce, balena o delfino.

PARASSITA
Organismo che vive sopra o all'interno di un altro animale per sfruttarne il cibo o la protezione. Di solito è nocivo per l'ospite.

PINNE PETTORALI
Paio di pinne ai lati della testa del pesce, usate per controllare la direzione del movimento.

PLANCTON
Minuscoli animali e alghe trasportati dalla corrente o galleggianti sull'acqua. Sono il cibo di animali più grossi.

PORO SENSORIALE
Componente di una rete di tasche piene di gelatina di squali e altri pesci elettrorecettivi. I pori servono a individuare campi elettrici.

PREDA
Animale ucciso e mangiato da un predatore.

PREDATORE
Animale che caccia e uccide altri animali (prede) per nutrirsi.

PRESSIONE DELL'ACQUA
Peso dell'acqua che preme su un animale man mano che scende negli abissi dell'oceano. Sul fondo della fossa più profonda è 1 tonnellata per cm^2.

PROPULSIONE
Azione di spinta in avanti.

RASTRELLO BRANCHIALE
Struttura di un pesce che si nutre filtrando l'acqua con le branchie. Le particelle di cibo sono raschiate e deviate nel tubo digerente.

RETTILE
Vertebrato a sangue freddo con pelle squamosa impermeabile, come un'iguana o un serpente marino.

RICHIAMO
Parte del corpo di un animale marino usata come esca per attirare prede. I richiami possono sembrare un animale da mangiare, come un verme, o essere bioluminescenti per attirare la preda nell'oscurità.

SALINITÀ
Quantità di sale disciolto nell'acqua. Ogni litro di acqua di mare contiene 35 g di sali, mentre l'acqua dolce ne ha meno di 0,5 per litro.

SOMMERGIBILE
Piccola imbarcazione sottomarina progettata per ricerca ed esplorazione.

SPAZZINO
Animale che si nutre di piante o di animali morti.

TENTACOLO
Arto sottile e flessibile usato per afferrare e nutrirsi. Alcuni animali marini hanno organi sensoriali per tatto, gusto, olfatto o vista. Altri sono attrezzati con ventose, pungiglioni, uncini o persino denti.

TOSSICO
Sostanza velenosa. A volte il morso o la puntura di un animale ha un effetto tossico su un altro.

VELENO
Sostanza velenosa, o tossina, prodotta da un animale, usata per cacciare o per autodifesa. È iniettato in un altro animale con un morso o una puntura.

VERTEBRATO
Animale dotato di colonna vertebrale formata da singole ossa o pezzi di cartilagine, detti vertebre.

ZONA BATIPELAGICA
Zona fredda e buia a metà fra la superficie e il fondo dell'oceano. In generale descrive profondità fra i 1.000 e i 4.000 m sotto la superficie. Gli animali che vi vivono devono affrontare una forte pressione e oscurità costante.

ZONA EPIPELAGICA
Strato superiore dell'oceano, che riceve il sole di giorno. Se l'acqua è trasparente si estende fino a 200 m, se è torbida fino a 15 m. La maggior parte dei pesci vive in questa zona.

ZONA MESOPELAGICA
Regione immediatamente sotto la zona epipelagica, dai 200 ai 1.000 m. È molto poco illuminata e non vi crescono piante.

ABBREVIAZIONI USATE IN QUESTO LIBRO

°C	gradi Celsius
cal	calorie
cm	centimetro
dB	decibel
g	grammo
Hz	hertz - vedi glossario per definizione
kg	chilogrammo
km	chilometro
m	metro
min	minuto
ml	millilitro
mm	millimetro
s o sec	secondo

INDICE

RINGRAZIAMENTI

Dorling Kindersley ringrazia Alex Lloyd, Simon Murrell, Amy Child, Clare Joyce, Richard Biesty, Vanya Mittal, Sanjay Chauhan, e Sudakshina Basu per l'assistenza nella progettazione; Frankie Piscitelli, Vineetha Mokkil, Suefa Lee, Deeksha Saikia, e Rohan Sinha per l'assistenza editoriale; Liz Moore per ricerche aggiuntive di foto; Katie John per la correzione delle bozze; Hilary Bird per l'indice analitico; Steve Crozier per i ritocchi creativi e Peter Bull per le illustrazioni aggiuntive.

DK ringrazia anche Simon Christopher, Jason Isley e Gil Woolley di Scubazoo per le foto e i consigli. Scubazoo è specializzata in riprese e fotografie della vita sottomarina e ha un ruolo attivo nei progetti di salvaguardia marina in tutto il mondo.
www.scubazoo.com

L'editore ringrazia inoltre le seguenti persone/aziende per la cortese concessione a riprodurre le loro immagini:

(Legenda: a-sopra; b-sotto; c-centro; f-estremo; l-sinistra; r-destra; t-basso)

1 OceanwideImages.com: C & M Fallows. **4 Photoshot:** Charles Hood (tc). **Scubazoo.com:** Adam Broadbent (tr). **5 Scubazoo.com:** Jason Isley (tl, tr, tc). **10-11 Photoshot:** Charles Hood. **10 Photoshot:** Charles Hood (cl). **12-13 Scubazoo.com:** Jason Isley. **13 Scubazoo.com:** Roger Munns (cr). **14 Alamy Images:** WaterFrame (cl). **15 Corbis:** Stuart Westmorland (br). **16 Getty Images:** Jeff Rotman / Photolibrary (bl). **17 Dreamstime.com:** Greg Amptman (tl). **Getty Images:** Mark Conlin / Oxford Scientific (bl). **19 FLPA:** Minden Pictures / Norbert Wu (tl). **20-21 Getty Images:** Paul Nicklen. **23 Corbis:** Minden Pictures / Norbert Wu (bl). **24-25 Dreamstime.com:** Kkg1. **25 Photoshot:** Picture Alliance (cr). **26 Auscape:** John Lewis (cl). **27 Corbis:** Kevin Fleming (tr); Lynda Richardson (bc). **28-29 Scubazoo.com:** Roger Munns. **30-31 OceanwideImages.com:** Andy Murch. **30 SuperStock:** Mark Conlin (cl). **33 Getty Images:** Nature, underwater and art photos. www.Narchuk.com / Moment Open (crb). **34 Getty Images:** Doug Allan / Oxford Scientific (cra). **SuperStock:** Minden Pictures (c). **36 Scubazoo.com:** Jason Isley (cl, tr). **38-39 Getty Images:** David Jenkins / Robert Harding World Imagery. **40-41 Scubazoo.com:** Adam Broadbent. **40 Scubazoo.com:** Jason Isley (cl). **43 FLPA:** Biosphoto / Jean-Michel Mille (br). **Scubazoo.com:** Jason Isley (tr). **44-45 Corbis:** Steve Jones / Stocktrek Images. **44 Scubazoo.com:** Jason Isley (cl). **46-47 Alamy Images:** Norbert Probst / Imagebroker. **47 123RF.com:** Krzysztof Odziomek (cr). **48 Corbis:** Alex Kerstitch / Visuals Unlimited (b). **49 Alamy Images:** Blickwinkel (c). **Photoshot:** NHPA (cra). **51 Dorling Kindersley:** David Peart (cl). **52-53 Alamy Images:** Steve Bloom Images. **52 Alamy Images:** Steve Bloom Images (cl). **54 Corbis:** Water Rights / Christophe Courteau (cl). **55 Corbis:** Brandon D. Cole (bl). **Photoshot:** Nigel Downer (cra). **56-57 Science Photo Library:** Alexander Semenov. **56 Dreamstime.com:** Steven Melanson (cl). **59 FLPA:** Biosphoto / Mike Veitch (tc). **Scubazoo.com:** Adam Broadbent (cb). **60-61 imagequestmarine.com:** Michael Aw. **62-63 Science Photo Library:** Dante Fenolio. **63 Science Photo Library:** Dante Fenolio (cr). **66-67 FLPA:** Martin Hale. **66 Corbis:** Hiroya Minakuchi / Minden Pictures (cl). **68-69 Getty Images:** Alexander Safonov / Moment Select. **68 Scubazoo.com:** Roger Munns (cl). **70 FLPA:** Minden Pictures / Pete Oxford (tc). **72-73 Corbis:** Andy Murch / Visuals Unlimited. **73 Scubazoo.com:** Jason Isley (cr). **74-75 Alamy Images:** WaterFrame. **76-77 Scubazoo.com:** Adam Broadbent. **77 Scubazoo.com:** Jason Isley (cr). **78-79 FLPA:** Norbert Probst / Imagebroker. **79 Scubazoo.com:** Jason Isley (cr). **80-81 Alamy Images:** Anthony Pierce. **82-83 Getty Images:** Masa Ushioda. **84-85 Science Photo Library:** Christopher Swann. **85 Scubazoo.com:** Jason Isley (cr). **86-87 SeaPics.com:** Doug Perrine. **87 Corbis:** Stuart Westmorland (cr). **88-89 Photoshot:** Andy Rouse. **89 Getty Images:** Danita Delimont / Gallo Images (cr). **92-93 Scubazoo.com:** Gil Woolley. **93 Scubazoo.com:** Jason Isley (cr). **94-95 SeaPics.com:** Doug Perrine. **94 Scubazoo.com:** Jason Isley (cl). **96-97 Scubazoo.com:** Jason Isley. **97 FLPA:** Ingo Arndt / Minden Pictures (cr). **98 Alamy Images:** National Geographic Image Collection (cra). **99 Alamy Images:** Karen & Ian Stewart (tr). **Robert Harding Picture Library:** Michael S. Nolan (crb). **100 Scubazoo.com:** Jason Isley (cl). **100-101 Scubazoo.com:** Adam Broadbent. **102-103 Scubazoo.com:** Jason Isley. **104-105 imagequestmarine.com:** James d. Watt. **106-107 Corbis:** Chris Newbert / Minden Pictures. **107 Scubazoo.com:** Adam Broadbent (cr). **108-109 FLPA:** Bruno Guenard / Biosphoto. **110-111 Corbis:** Paul Nicklen / National Geographic Society. **112-113 naturepl.com:** Bruce Rasner / Rotman. **115 Getty Images:** Borut Furlan / WaterFrame (br). **117 Getty Images:** Doug Perrine / Photolibrary. **118 Scubazoo.com:** Gil Woolley (br). **119 Science Photo Library:** Paul Zahl (cl). **120-121 Scubazoo.com:** Jason Isley. **121 Getty Images:** Gerard Soury / Oxford Scientific (cr). **122 Dreamstime.com:** Howard Chew / Singularone (cl). **122-123 Scubazoo.com:** Jason Isley. **124-125 Photoshot**. **125 FLPA:** Kelvin Aitken (cr). **127 Corbis:** Chris Newbert / Minden Pictures (tl). **128-129 Science Photo Library:** Visuals Unlimited Inc. / Andy Murch. **129 FLPA:** Biosphoto / Gérard Soury (cr). **130-131 Alamy Images:** FLPA. **131 Scubazoo.com:** Jason Isley (cr). **132-133 Scubazoo.com:** Jason Isley. **134-135 FLPA:** Gerry Ellis / Minden Pictures. **134 Getty Images:** David Courtenay / Oxford Scientific (cl). **136-137 Alamy Images:** Mark Conlin. **138 FLPA:** Biosphoto / Brandon Cole (clb); Minden Pictures / Mitsuaki Iwago (cl). **Scubazoo.com:** Christian Loader (tr). **139 Alamy Images:** Martin Strmiska (cr). **140-141 Alamy Images:** WaterFrame. **142-143 Scubazoo.com:** Jason Isley. **144-145 Alamy Images:** Dan Sullivan. **145 Photoshot:** Charles Hood / Oceans Image (cr). **146-147 Robert Harding Picture Library:** Reinhard Dirscherl. **147 Alamy Images:** Photoshot Holdings Ltd (cr). **148 Scubazoo.com:** Jason Isley (cl). **148-149 Scubazoo.com:** Christian Loader. **150-151 Getty Images:** David Wrobel / Visuals Unlimited, Inc. **151 Photoshot:** NHPA (cr). **152-153 Getty Images:** Marevision. **154-155 Photoshot:** Saul Gonor / Oceans Image. **156-157 Getty Images:** Visuals Unlimited, Inc. / Reinhard Dirscherl. **156 Alamy Images:** Adam Butler (cl). **158-159 Getty Images:** Barcroft Media / Contributor. **160-161 Getty Images:** Sakis Papadopoulos / The Image Bank. **164 Alamy Images:** Martin Strmiska (br). **Photoshot:** Michael Patrick O'Neill (cl). **165 FLPA:** Imagebroker / Norbert Probst (tr). **166-167 Naturfoto www.naturephoto-cz.com. 168 Alamy Images:** Marty Snyderman / Stephen Frink Collection (cl). **169 Corbis. 170-171 FLPA:** Hiroya Minakuchi / Minden Pictures. **172 Scubazoo.com:** Jason Isley (tr). **173 Scubazoo.com:** Jason Isley (tr, br). **174-175 SeaPics.com:** Eric Cheng. **176-177 Dreamstime.com:** Beverly Speed. **177 Photoshot:** LOOK (cr). **178-179 Alamy Images:** Tobias Friedrich / F1online digitale Bildagentur GmbH. **178 Scubazoo.com:** Jason Isley (cl). **180 Science Photo Library:** Visuals Unlimited Inc. / Andy Murch (bc). **181 FLPA:** Biosphoto / Bruno Guenard (tr). **182-183 Photoshot:** Richard Smith / NHPA. **184-185 Scubazoo.com:** Jason Isley. **186-187 FLPA:** Imagebroker. **186 Science Photo Library:** Andy Murch / Visuals Unlimited, Inc. (cl). **190 FLPA:** Biosphoto / Pascal Kobeh (cla). **Getty Images:** (crb). **Scubazoo.com:** Jason Isley (bc). **191 imagequestmarine.com:** Peter Herring (cb). **naturepl.com:** David Shale (bl). **192 FLPA:** Biosphoto / Yann Hubert (c). **Scubazoo.com:** Jason Isley (clb). **192-193 Scubazoo.com:** Jason Isley. **194-195 Getty Images:** Brian J. Skerry. **195 Science Photo Library:** Alexis Rosenfeld (cb). **Woods Hole Oceanographic Institution:** Image courtesy Charles Fisher, Penn State / NSF, NOAA / HOV Alvin 2002 (cr). **196-197 Scubazoo.com:** Jason Isley. **197 Getty Images:** Wayne Lynch (c). **Scubazoo.com:** Adam Broadbent (bc); Jason Isley (crb). **198-199 Science Photo Library:** Photostock-Israel. **198 Corbis:** Stephen Frink (bc, c). **Scubazoo.com:** Jason Isley (clb). **200-201 FLPA:** Minden Pictures / Norbert Wu. **200 FLPA:** Frans Lanting (c); Minden Pictures / Norbert Wu (bc). **Science Photo Library:** Dr Ken MacDonald (clb). **202-203 Science Photo Library:** Douglas Faulkner. **203 Alamy Images:** Rheinhard Dirscherl (cr). **Scubazoo.com:** Roger Munns (cb). **204 Scubazoo.com:** Jason Isley (tr, ftr); Christian Loader (tc). **206 Scubazoo.com:** Jason Isley (tr, ftr); Roger Munns (tc). **208 Scubazoo.com:** Jason Isley (tr)
Endpapers: **Dreamstime.com**: Dream69 0

Per ulteriori informazioni vedi:
www.dkimages.com